理は鮮やか

心に残るおたすけ36話

道友社編

天理教道友社

理は鮮やか　心に残るおたすけ36話

目次

身上・事情を越えて

教祖百二十年祭に向かって

忘れられないおたすけ

身上・事情を越えて

ひきこもり

加世田　誠　かせだ・まこと
大島《おおしま》分教会前会長〈鹿児島県奄美《あまみ》市〉

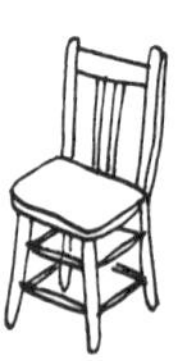

印象深いおたすけはと言われて思い出すのは、教祖《おやさま》八十年祭に向けた活動のさなか、私が教会長を拝命して数年たったころのことである。ある秋の日、一人のご婦人が教会の教職舎へ訪ねてこられた。

「ご用は？」と尋ねると、「息子をたすけてください」と言う。なぜ私の所へ来たのかを問うと、「きっとたすけていただけると思ったから」と、こう話した。

「近所に、天理教の信者さんが何人かおられます。その人たちが毎朝六時前から、誘い合ってこの教会に参ってこられる。その楽しそうな、嬉《うれ》しそうな姿をずっと見てきました。私は別の信仰を持っているけれど、天理教にはよほど魅力があるのでしょう。たすけてもらったからこそ、毎日通うのでしょう。それなら、私の家の悩みもたすけてもらえるに違いないと思って」と。

悩みとは、高校三年生の長男。いまでいう「ひきこもり」であった。

息子さんは、いわゆる進学校の生徒だった。ところが柔道が好きで、クラブを引退しても練習ばかり。三年生の夏休みを前に、成績がガタ落ちしたという。担任が心配して「進学したいのなら、趣味はそこそこにして、将来に向けての勉強に力を入れなさい」と言っても聞かない。ついに、先生が家に相談に見えた。

建設会社を経営している父親は、いわば〝たたき上げ〟。長男が帰宅するなり、話も聞かずに「明日から柔道はやめなさい」と一方的に決めつけた。

その夜から、息子は二階の自室に閉じこもってしまった。食事は母親が運ぶが、ろくに風呂にも入らず髭《ひげ》も伸び放題。ひと言も口をきかない。

夫に何度も「息子と話をして」と頼んだが、「放っておけ」と言うばかり。そこで、夫には内緒で、方々に相談や願をかけた。しかし、そのままで夏休みは終わり、二学期も半ばが過ぎた。思い余って、他宗教である私どもの教会を訪ねたという。

私はまず、ご婦人の胸の中にあるものを聞きたいと思った。夫のこと、夫婦の間柄、息子さんのこと、信心しておられる宗教でのこと……。

通っている他宗の教会では「祈りが足りない」と言われ、日に何度も足を運んだという。

夫は二人兄弟。夫と亡くなった父親とは仲が悪く、両親は弟と同居していた。母親は、いまもそこで暮らしているという。

一代で建設会社を興《おこ》した夫は、いわゆる仕事人間。帰宅も遅く、それまで息子と遊んだり、話をすることなどあまりなかった。ひきこもりについても「おまえが甘やかすからだ」と妻を責めるばかり。「精神が弱いからだ」と、息子とは向き合おうともしなかった。

昼すぎに訪ねてきたご婦人の話がひと通り終わるころには、もう夕づとめの時刻が迫っていた。私は次の二点をお話しした。

一つは親孝行。子供のことで悩んだときに、自分たち自身が子供のころ親にどう接してきたか振り返ってみようと。そのうえで、詫《わ》びることがあれば詫び、親に喜んでもらおうと。

いま一つは日参。教会に足を運んだのは、本人の意思もあるだろうが「親神様がたすけてやろうと導いてくださったのだと思うよ」と。「人間の親なる神様だから、きっとたすけてくださる。お導きに対して、三日間でいいからお礼においで。手を合わせるだけでいい。四日目からは、私があなたのお宅に伺おう」

翌日の朝づとめから、参拝者の一番後ろで、見よう見まねで手を振る婦人の姿があった。私もなんとかたすかっていただきたいと、三日と仕切って添い願いをした。

四日目の朝、約束の日限は過ぎたのに、参拝場の隅に彼女がいた。おつとめが終わってから、話を聞いた。

昨夜、三カ月ぶりに息子が二階から下りてきたという。「夫が夕食の膳《ぜん》に向かったとき、二階から下りてきて、きちんと正座をして『お父さん、僕が悪かった。先生に言われ、お父さんにも言われて、何もかもが嫌《いや》になって、何もする気が起きなくて』と泣きながら。すると夫が『自分こそ言い過ぎた。すまんかった』って、二人で抱き合って泣いて……」。ご婦人の頰《ほお》に涙が流れていた。

初めて教会を訪ねた日の翌日、ご婦人は夫に内緒で義弟宅を訪ねた。そして、義父の霊前でお詫びをし、義母にも詫びて小遣いを渡してきた。

「それでは、お宅には伺わなくてもいいですね」と私が言うと、「いいえ、ぜひ来て、夫にも話を聞かせてください」と言う。

訪ねると、ご主人は穏やかに迎えてくれた。ちょうど仕事を終えて帰宅したところで、「一杯やりましょう」とご機嫌で盃《さかずき》を交わし、話も聞いてくれて、帰りにはたくさんのお土産まで下さった。

その夜、息子が「大学には行かなくてもいいから、お父さんの仕事を手伝いたい」と言いだし、「後悔しないように、ビリでもいいから勉強してみたらいい」と父親が答えたとか。

三日後、またご婦人が参拝に来た。今度は家出。息子が自転車を欲しがるので買って与えると、自転車で出掛けたまま戻らないという。

話を聞いて、「北東の方角にいるように思う」と私は答えた。おぢばは、奄美大島《あまみおおしま》から北東の方角。なぜか、そう心に浮かんできたから。

捜してみると、果たして町から北東へ行った場所にいた。お礼に来た両親に、おぢばについて話し、おぢば帰りと別席を勧めたのは言うまでもない。

卒業後、息子はやはり大学には進まず、父親を手伝うようになった。父親も周りから「人が変わった」と言われるほど、近隣の人とも穏やかにあいさつも交わすようになった。

子供は親の言う通りにするのではなく、親のする通りにすると言われるように、当時、子育て中の父親であった私にとって、大いに教訓となった次第である。

殺人の容疑

榎木 定一 えのき・さだかず
芦庄《あしじょう》分教会長〈大阪市〉

教会長を拝命して三十年がたった。この間、身上のおたすけで、数々のご守護を見せていただいたが、まず心に浮かぶのは私自身の身上のことである。

大学を出てすぐ修養科に入り、修了後は教会で、会長である父の手助けをしていた。三十二歳になった年の暮れのこと、ある日、全身に発疹《ほっしん》ができ、高熱が続いた。診断は、関節リウマチ。男には珍しいと言われた。

四〇度前後の高熱は新年を迎えても下がらず、教会の春の大祭も終わったころ、父は私に「このまま身上をお返しすることになるかもしれない。その前に、おまえに会

長職を譲ろうと思う。受けてくれるか」と言った。私は夢中で「はい」と答えた。

熱が下がったのは翌日だった。わが身に見せていただいた鮮やかなご守護に驚き、感激し、心が決まった。願い出て教会長のお許しを頂き、春には就任奉告祭を勤めさせていただいた。

思えば親神様は、教祖の道具衆として、教会の竜頭《りゅうず》として踏み出す私に、この道が真実の道であることをあらためて教えてくださったように思う。

だが、そうして歩ませていただいた中では、途方に暮れたことも幾度かあった。

教会長となって十年ほどたったころだった。四月か五月ごろのある日、新聞を開くと、駄菓子《だがし》屋のおばあさんが殺害されたという記事が載っていた。痛ましいなあと思っていると、間もなく「会長さん、たすけてください」と信者が駆け込んできた。小学五年生の息子が、容疑者として捕まったという。

早くに離婚し、男手一つで息子二人を育ててきた。「あの子は、そんなことのできる子じゃない。何とかしてもらえませんか」。言い慕る父親を前に、何からどう手をつけていいのか思い悩んだ。

父親は家庭の事情から、よふぼくであった姉の導きで教会に参るようになった。家が近かったこともあり、子供たちも幼いころから教会の行事に参加していた。

明るく、冗談の好きなその子を、私もよく知っていた。人殺しをするような子ではないと思った。だが、私には法律についての知識もないし、弁護士に知り合いもいない。

「何からどうしたらいいか分からない。まず、親神様・教祖におすがりしよう。理を立てて、お働きいただけるようにつとめようよ」。そう話した。

父親は、教会への日参と、月々の給料の半分をお供えすることを心定めした。私と家内は、朝夕のおつとめで祈願すると伝え、併せて、その日から深夜に座りづとめと十二下りを勤めさせてもらうことにした。

長い長い、お願いづとめの始まりだった。

何とかできないものか。連日お願いづとめを勤めながら、知り合いを頼り、方々に相談をかけて歩いた。警察に再捜査を頼んだが、家庭環境など少年には不利な条件が重なっていた。

そんな中で、ある市議会議員が、無料法律相談が開催されていると教えてくれた。わらにもすがる思いで訪ねた。

天理教の教会長であると自己紹介し、事情を説明すると、当番の弁護士は「私に任せてください」と言った。聞けば刑事事件が専門で、著名な再審事件なども手掛けているという。「神様のお引き合わせに違いない」と喜んだ。だが、費用のことが気になった。

出てくる前、父親と親族を教会に集めて「この子のために、費用のことも覚悟しておいてほしい。どうしてもというときは、私が責任を持つ。けれど、あなた方も心だけでも寄せてほしい」と話してはきた。

そのことを切り出すと、当の弁護士は「あなたも宗教者として人だすけをしているんでしょう。私も実費だけでいいですよ」と。交通費にコピー代、通信費……。かかった分だけでやってくれるというのだ。

それから、裁判にこぎつけるまでに一年余りかかった。そして、父親だけでなく、家内と私も毎日のように裁判所に出向いた。少年会活動での様子、教会や家庭での言動や性格など、何度も証言台に立った。

その間に、父親はよふぼくとなり、自宅に神実様《かんざねさま》も祀《まつ》り込んだ。少年の無実を信じて祈り、足を運び続けた。

「無罪」の文字が新聞紙面に躍ったのは、少年が中学校を卒業するころだった。家内と二人で勤めてきた深夜の十二下りは一千日を超えていた。

この節を通して心に刻んだことがある。それは諦《あきら》めないこと。おたすけにかかったら、身上であれ事情であれ、根気よく、最後まで、し続けることだと。

今月二十六日、後継者に教会長職を譲ることにしている。そして、これからは一布教師として歩んでいこうと心に決めている。

十二年前、胃ガンの身上を頂き四分の三を切除した。だが、四分の一を残していただけたと一念発起し、それから毎月、一週間ほど車で寝泊まりしながら単独布教のようなことをしてきた。

幸い、教会から車で二時間ほどの町に、神実様を祀らせていただける家屋も借りることができた。一から、心勇んで、おたすけの日々を歩ませていただこうと思う。

「をやがついているで」

永井 幸子 ながい・さちこ
愛一《あいいち》分教会前会長夫人〈愛知県豊橋《とよはし》市〉

リーン、リーン――。その電話がかかってきたのは、昭和五十五年三月二十一日の夜のこと、埼玉からでした。

十七年ほど前に一度、娘さんの学校の問題で奥さんの相談に乗ったことがありましたが、そのとき、ご主人にはお目に掛かっていなかったので、突然の電話に驚きました。

「家内が高血圧脳症で入院しました。昏睡《こんすい》状態で、医師は明日までもつかどうかと言います。娘がどうしても、豊橋の教会の奥様におさづけをしていただきたいと、泣きながら申しますので、遠方で恐縮ですが、明日にでもおいでいただけませんでしょうか」

会長の許しを得て、私は翌朝一番の新幹線に乗りました。教えていただいた通りに、東京の上野《うえの》駅で乗り換え、ホームに止まっていた列車に乗り込みました。

ところが、その列車には誰《だれ》も乗っていませんでしたので、駅員に尋ねますと、この列車は普通列車で、先発の急行列車が別にあるのですが、私の降りる駅は急行が止まらないので「これに乗っていってもいいですよ」とのことでした。

私には、朝、教会を出てからずっと心に掛かっていたことがありました。それは、どのようにお話を取り次がせてもらったらよいのかということです。ご主人は京都帝国大学を出られた博士と聞いていましたので、心が落ち着かず、思案に暮れていました。

「そうだ！　おつとめをさせていただこう」

ふと心に浮かびました。車内に誰もいないのを幸いに、座席に正座して、遥《はる》かおぢばの方を向いて「あしきをはらうて――」と、一心に勤めさせていただきました。

最後に四拍手をして「ありがとうございました」と拝をした、そのときです。

「心配することは要《い》らん。案じることは要らん。をやがついているで」

と、なんとも涼やかな、凛《りん》とした声が聞こえたのです。

周りを見回しても、誰もいません。「なんともったいないこと」と、感激の涙がポロポロとこぼれました。そして、「おたすけは教祖のお供をして出させていただくのだと、日ごろから自分に言い聞かせ、人にも教えてきたのに……」と反省しました。

それからは、車窓を流れる景色を眺《なが》めながら、心安らかに目指す駅へと向かいました。

病室に案内していただくと、奥さんは鼻や胸や、あちこちに管が挿《さ》され、痛々しい状態でした。手を握っても冷たく、何の反応もありません。

ご主人は小さな机をベッドのそばに置き、私に座布団を勧めてくださいました。

「遠いところをご苦労さまでございます。家内はこのようなありさまですが、ひとつ神様のお話を聞かせてください」

「では、ただいまよりお取り次ぎさせていただきます」

四拍手をして教祖にお願い申し上げると、思うともなく「天保《てんぽう》八年十月二十六日のこと、十七歳の長男秀司《しゅうじ》様は、母親みき様に伴われて……」と、立教の一年前から教祖が月日のやしろに定まられるまでのことを『稿本天理教教祖伝』に記されている通りに話しているのでした。

頭では「いくら博士でも、このお話が分かるわけがない。何かほかの話を」と思うのですが、口が勝手に動くのです。

「二十六日、朝五ツ刻《どき》、夫の善兵衛《ぜんべえ》様は堅い決心の下に『みきを差し上げます』とお受けになりました。ここに、初めて天理教が始まったのでございます」

そう話し終わって四拍手し、一礼しました。するとご主人が、つと立ち上がり、衝《つい》立《たて》の向こうへ行ってしまわれたのです。内心「やはり無理があったかな」と思いつつも、なぜか爽《さわ》やかな気分でした。

間もなくご主人は、手帳と万年筆を手に戻ってこられました。そして、「家内をたすけていただくには、私は何をさせていただいたらよいのでしょう」と言われたのです。

思案して、「お供えを……」と言おうと思いましたが、「修行修行」という厳しいお声が聞こえてきました。「あっ、これは修養科だ」と悟り、「奥様に修養科に入ってもらうところですが、この状態です。代わりに、まずあなたが修養科へ入る心定めをしてください」と申しました。

「分かりました。それはいつからですか?」

「二十六日です。二十五日までに教会においでください。ご案内いたします」

「では、そのように心を定めますので、家内を拝んでやっていただけますか」

私はひたすら教祖におすがりし、おさづけを取り次がせていただきました。すると、お取り次ぎが終わると同時に、奥さんがパチッと目を開いたのです。しばらく私の顔をじーっと見ていたかと思うと、「あーら、豊橋の奥様。お久しぶりでございます。今日は何のご用で?」と。一週間も昏睡状態だったとは思えないはっきりした声に、家族の方々も驚き、急いでマスクを外して、手を握りました。

十分ほどして、「体を起こしてください」と言うので、ご主人と二人で起こしました。するとお腹《なか》がすいたからご飯を食べたいと言われるのです。

看護師さんに告げるとお医者さんが飛んできて、奥さんの様子を見、私の顔を見て「あなた、この方に何をされたのですか」と言われました。天理教の布教師であると名乗り、説明すると、「天理教という宗教は聞いたことがあるが、これは奇跡と言うしかないですね」と。

早速、看護師さんが五分粥《ごぶがゆ》を持ってきてくださいました。奥さんはスプーンでゆっくりと口に運んでは、ひと口ごとに、おいしい、おいしいと言われます。その姿に、ご主人も娘さんも感涙にむせんでおられました。

三日後の三月二十五日、奥さんを娘さんに預けて、ご主人が初めて愛一の教会へ来られました。会長にいろいろと話を聞き、翌日にはおぢばへ。一カ月遅れの五月からは、すっかりよくなった奥さんもご一緒に修養科に通われました。修了後、夫婦で教会長資格検定講習会を受講され、修了と同時に自宅に神実様《かんざねさま》を祀《まつ》り込み、目覚ましいほどの速さで成人の道を歩んでくださいました。その後も、ぢばへの伏せ込みに、教会のご用にと、大きくつとめてくださいました。

思えば教会に嫁いで五十年余り、数々のご守護をお見せいただき、導いていただきました。教祖百二十年祭への仕上げのこの一年、一歩でも成人させていただき、ご存命の教祖にお喜びいただけるようつとめさせていただく所存でございます。

心定めが第一

樋川 正和《ひかわ・まさかず》
陶深《とうしん》分教会前会長〈大阪府堺《さかい》市〉

二歳半といえば、可愛《かわい》い盛り。這《は》えば立て、立てば歩めと、日に日に著しい成長を見せるわが子の姿に、喜びをかみしめない親はいない。

そんな愛娘《まなむすめ》が突然、座って遊んでいる最中にドーッと横ざまに倒れた。そしてそのまま立てなくなったという。

若夫婦の驚きと不安は、いかばかりだったろう。あれは昭和という時代が暮れようとする年の瀬のことだったが、娘を背負い、まろぶようにして「おさづけを」と教会に来られた親子の姿を、いまも覚えている。

夫婦とも親代々の信仰で、夫は姉一人と兄二人の四人兄弟。母親がしっかりとした人で、長女を他系統の布教所に嫁がせ、息子三人の嫁には結婚直後に、「妊娠したら修養科に入ってね」と述べ、その通りに実行させていた。だから、信仰家庭から嫁いできた三男の嫁、つまり若夫婦の細君も、長女を身ごもったときに修養科を了《お》えていた。身上を頂いたのは、長女とは二つ違いの娘だった。

最初に入院した病院では、MRで脊髄《せきずい》に影が見えたことから「横断性脊髄炎ではないか」との診立《みた》てだった。炎症のために脊髄が圧迫され、立てなくなったのではないか——と。だが、一向によくならない。一カ月ほど入院して、別の公立病院を紹介された。

その間に年を越し、年号は平成に変わった。

転院して間もなく、夫が泣きながら教会に来た。診断は悪性リンパ腫《しゅ》で、しかも五段階あるステージの四と告げられた。「抗ガン剤を使います。厳しい治療になりますが、たすかるのは十人に一人です。覚悟しておいてください」と、医師に言われたという。

私は「治療は医者に任せる。親としての務めは、心定めをし、家族、兄弟、教会が一つとなって、お願いづとめをすること」と話した。そして、その日から毎夜八時に、お願いづとめと十二下りを勤めさせてもらった。

娘の父親だけでなく、祖母、そして父親の二人の兄たちも、勤めを終えた足で教会に駆けつけた。その話を聞いて、時間を合わせて教会に参り、共に祈念してくれるよふぼくも出てきた。

治療は、薬でガン細胞をたたくというものだが、正常な細胞もやられるから免疫が落ちる。最初のころは、おさづけの取り次ぎに通えたが、やがて病室にも入れなくなった。入ることができるのは、父親か母親のどちらか一人で、それも手を消毒し、マスクとガウンを着け、スリッパに履き替えて。そのうちに、抗ガン剤の副作用で頭髪が抜け、眉《まゆ》も薄くなった。私は若夫婦に、「あなた方もよふぼく。二人でおさづけを取り次がせていただきなさい」と言った。

日々が真剣勝負だった。お願いづとめの時刻に、病室でも東の方を向いて、共にお願いしていると聞いた。私は「今日があったということは明日が来るということや」と言い聞かせた。三月には、夫の母親、つまり幼子の祖母が布教所を開設した。

繰り返される抗ガン剤によるつらい治療に、三歳の娘は耐えた。治療の目安は半年で、その間に、異常な細胞が一定数以下になる寛解《かんかい》を目指した。

平成元年夏の血液検査では、異常細胞がまだあった。医師からは「再発の場合、たすかる確率はさらに半分になります」と告げられていた。つまり二十人に一人、五パーセント。夫婦の悲嘆は、目を覆うばかりだった。

だが、私は「大丈夫！」と言い続けた。「親神様・教祖に、すがらせてもらおう」と。お願いづとめ、おつくしだけでは足りないと、三日に一度、お願いづとめの後に皆で、おぢばに帰るようになっていた。医療関係の職に就き、二交代勤務をしている娘の父親は、遅出の日には仕事を終えた深夜二時か三時に、おぢばへと向かった。かんろだいの前で、皆の祈りは真剣そのものだった。

一手一つ。幼子の命をめぐって、一家三世代が心を結び、心を定め、共に祈り、ぢばに心をつないだ。そんな姿に、私たち家族、教会のよふぼくたちも心を寄せた。たすけの道場に祈りが満ちた。そして幼子は、つらい治療に耐え、生きていた。

小児病棟では、同じような病の子が出直していく。その姿を見るたびに、若夫婦は「次は、うちの子だろうか」と思ったという。と同時に「会長さんの言葉を信じて、親神様におすがりするしかない」と思ったとも。

秋が過ぎ年末、発症から一年がたったころ、嬉《うれ》しい寛解の知らせが届いた。未来に明かりが見えたという。

それを聞いて私は、自分たちの足で、歩いておぢばに帰らせてもらおうと思った。提案すると、皆が一緒に行くという。

お願いづとめ、十二下りを勤めて、深夜三時に教会を出発した。おぢばまでは四十キロ余りの道のりである。ようやく神殿にたどり着いたのは、やわらかな冬の日が頭上に上りきったころだった。足腰は痛んだが、心は軽やかだった。

年が明けて、春先に退院した。だが、その後も二週間に一度、一カ月に一度と受診を続け、再発の兆候がないか目を凝らした。

六月、娘の父親に代わり、自営業のすぐ上の兄が修養科に入った。兄嫁は、それまで担っていた店の経理や子育てに加えて、夫の代わりに契約の現場にも出た。集金に回るときには、私の息子（現会長）がハンドルを握ることもあった。

八月、再入院し、一カ月間の予防的放射線治療を受けた。副作用は、抗ガン剤治療のときよりもきつく、生えかかっていた頭髪が抜けた。娘は四歳になり、物心がついてきただけに、親にとっては不憫《ふびん》でならなかった。懸命の祈りは続いていた。

その後、検査は年三回となり、昨年の夏、完治との診断が下った。

いま、娘は高校三年生。片道八キロの道のりを自転車で通学し、アルバイトにも精を出している。この春から素直に別席を運び、いま五席目。よふぼくとなる日も近い。

娘の健やかな成長とともに、三世代がそれぞれに成人の歩みを重ねてきた。父親のすぐ上の兄は布教所を開設した。それぞれに、たすけ、たすけられた喜びをかみしめている。

生きる力を育《はぐく》む

二宮 道興 にのみや・みちおき
三机《みつくえ》分教会前会長〈愛媛県伊方《いかた》町〉

教会にやって来たとき、その娘は十九歳だった。まだ、幼さの残る面立ち。しかし、左手の甲には点々と、火傷《やけど》の痕《あと》があった。

最初、何の傷だろうと思っていたが、後で〝根性焼き〟というのだと聞いた。たばこの火を自分でもみ消した跡で、痛みに耐えられる根性を、仲間うちに誇ったものらしい。若い心がたどってきた道のりのつらさ、切なさを思った。

高校を出てから、娘はまったく家に居つかなくなったという。両親が友達の所に捜しに行くと、別の友達の所にいると言われ、そこに行けば、また別の友達の所……、ついに娘は、四国を出て大阪に向かおうとしていたらしい。

見るに見かねた、親類に当たる一人のよふぼくが、「こんなことをしていたらだめになる。教会で預かってもらい！」と、娘の両親に勧めたのだった。

私が会長になってからそれまでの二十年ほどの間に、十人ほどが入れ代わり立ち代わり、教会に住み込んでは巣立っていた。中学校を出たばかりの子から、二十代、三十代、中には六十代の人もいた。一年ほどで〝卒業〟した子もいれば、五年、十年と、教会で一緒に暮らした人もいた。

その最初の一人を預かったのは、教祖八十年祭活動のさなかだった。私は大学を出てから詰所で三年間勤め、それから神戸で三年余り単独布教をした後、結婚して教会に戻り、会長職を継いだばかりだった。

ちょうど、おぢばに帰っていたときに一本の電話がかかってきた。関西に住む女性からで、十六歳になる義妹を教会で預かってくれないかという。面識もない人からの電話だけに驚いたが、私の弟が旅先で、にをいを掛けた人だった。その人の母親は、身寄りのない幼い娘を施設から引き取って育ててきたが、年ごろになって持て余しているという。

見も知らぬ人の頼みだが、断るわけにもいかない。かといって、私はご用で出歩くことが多く、教会のことはもっぱら家内任せなので、「預かります」とも答えられなかった。いったん電話を切り、教会に連絡すると、家内は「いいんじゃないの」と言った。それが〝始まり〟となった。

ある女性は、教会の前が通勤路だった。職場にコンピューター化の波が押し寄せ、身も心も疲れ果てたとき、ふと「この教会で暮らしてみたい」と思ったのだという。ある日、教会の門をたたいた。それから三年ほども居ただろうか。やがて生きる力が回復すると、都会に出て働いた。その後、結婚して四国に戻り、いまでは教会になくてはならない一人となっている。

そんな中、手の甲に火傷の痕のある娘も、教会で暮らすようになった。

娘の父親は大企業の役員で、母親もしっかりした職に就いていた。裕福だったが、両親が共に忙しく、娘は社会に出る力を持たぬまま育ったものらしかった。

父親は妻に「お前の育て方が悪い」と言い、母親は夫に「あなたが、ちゃんと子供と向き合わなかったからよ」と言った。夫婦の仲も、親子の間も冷え冷えとしていた。

教会で暮らすようになった娘は、よく動いた。ほかの住み込み人の後を追うようにして、神殿掃除をし、神饌場《しんせんば》で三方《さんぼう》を磨き、お皿を洗い、教会の庭の草をむしった……。

そんな姿に、やって来た両親は驚いた。

私は両親に「しっかり根に尽くしてくださいね」と声を掛けた。「娘さんは、いわば花。花がきれいに咲くためには、根に肥《こ》やしをやらないといけない。実の親に、そして人間の親である神様に、しっかりと尽くしましょうよ。肥《こえ》をやらないと、花は枯れてしまいますから」と。

また、「喜びましょうよ」とも言った。「娘がご飯を食べてくれる、学校に行ってくれる、楽しく遊んでくれる……。それは決して当たり前のことじゃない。親を楽しませてくれて本当にありがたいなあと、喜ばなくてはね」と。

そんなある日、娘に「お父さんとお母さん、どっちが悪い？」と声を掛けると、「どっちも悪い」と答えた。それを聞いた両親は「そやそや、子供の口に真理ありや！」と顔を見合わせ、やがて別席を運ぶようになった。

娘は三年ほど、教会にいた。その間に別席を運び、修養科に入った。生き生きと育っていく姿を見て、娘の兄が修養科を志願し、親類も別席を運んだ。

その後も娘は、教会に出たり入ったりを繰り返した。結婚式に招かれたときは、妻も私も本当に嬉《うれ》しかった。

家内は常々、「うちの子供たちは、住み込みさんに育ててもらったようなものよ」と言う。教会にはいつも、子供たちの〝お兄さん〟や〝お姉さん〟、あるいは〝おじちゃん〟や〝おばちゃん〟がいて、悪いことをすれば叱《しか》ってくれた。一緒に遊び、あるいは手伝いをしてくれた。

家内は若いころに肺結核を患い、医者に「結婚はできない」と言われていた。「結婚したとしても、子供はできないだろう」とも。道ひと筋に通らせてもらいたいとの希《ねが》いは聞いていたものの、家内よりも母親と先に知り合った私は、母親の信仰の堅さに、「この人の娘なら」と結婚を決めたものだった。「神様からもらった命、お借りしている体だから、医者ができないと言っても、それは分からないよ」と、そう言って。

そんな私たちの間に、神様は男三人、女一人を授けてくださった。そしていま、孫が十六人。さらに〝預かり子〟と孫を数えると、いったい何人になるだろうか。ありがたい限りと、喜ばせていただいている。

『諭達第二号』に、「土地所に陽気ぐらしの種を蒔《ま》こう」とお示しくださっている。土地所の陽気ぐらしの道場である教会の日々は、明るくなくてはいけないと、つくづく思う。ご飯が食べられることを喜び、手足が動かせることを喜び、歌が歌えることを喜ぶ。当たり前のことを当たり前とせずに、喜んで、明るく暮らす日々の中でこそ、子供は明るく育つのだろうし、明るく守ることができるのだろう。

振り返ってみれば、子供たちも孫も、教会で生きる力を育《はぐく》んだ者は皆、親神様・教祖にお育ていただいたのだと気づく。日々に感謝を込めて、尽くし、運び続けたい。

魂に取り次げ

乾 光雄 いぬい・みつお
龍誠實《りゅうせいじつ》分教会長〈大阪府四條畷《しじょうなわて》市〉

訪ねてみると、正体もなく飲みつぶれていた。目覚めたと思ったら、また飲む。話しかけても、反応はなかった。その男性は四十すぎで、職人としての腕はいい。なのに、なぜこうなってしまったのか。

夫人が実家に戻り、親戚《しんせき》の口から私の耳に話が届いた。行ってみれば、一人息子も既に別居していた。汚れ放題の部屋で、黙々と飲み、また眠る。私は、彼の傍らの一《いっ》升瓶《しょうびん》を黙って持って帰った。

翌日訪ねると、ちょうど家から出てきた。私には目もくれず、真っすぐ角の自動販

売機に行き、ワンカップを三本買った。もどかしい手つきでフタを取り、二本立て続けに飲んだ。

すると間もなく、噴水のように透明の液体を吐《は》いた。何日も食べていないから、胃の中は空なのだろう。いま飲んだ酒が、きらきらと光りながら流れ落ちた。それから、残る一本をちびりと口にし「あーうまい」とつぶやいた。私は、その背中を見つめて立ちすくんだ。

一週間、悩みながら通い、三つの心定めをした。

①おたすけの間は禁酒し、理立てをする。

②毎日おさづけを取り次ぐ。

③夫人に別席を運んでもらえるよう丹精する。

明くる日、訪ねると、何とはなく話を聞いている。嬉《うれ》しくなり、勇み心もそのままに夫人の家を訪ねた。

夫人は取り付くしまもなかった。そのとき、ふと「心一つが我《わ》がのもの」とのお言葉が心に浮かんだ。そこで「奥さん、私たちの体は神様からの借りものなんですよ」と話し始めると、ようやくこちらを向いてくれた。

「日々の心遣いが種となって、運命を築いている。その自由なはずの心がままにならないなら、人間としてこんな不幸はない。飲みたくて飲んでいる酒ではないと思えるんですが」「しようまいと思っても、成ってくる。しようと思っても成らん。これがいんねんです。たすかる種を、あなたが蒔《ま》いてくれませんか」

夫人は、一言一言うなずきながら聞き、やがて別席を運ぶことを約束してくれた。

その翌日、彼を訪ねると、それまでとはまた様子が違う。夫人のことは知らないのに、私の話を聞いてくれる。そこで無理やり車に乗せ、大教会に連れていった。

朝づとめ、三度の食事、除草ひのきしん、夕づとめ……。夜は、酒を買いに行かないよう、互いの手首をひもで結んで寝た。そうして、つらい禁断症状を越えた。飲みたくなると彼は、御供《ごく》を三粒ずつ、震える手で口に押し込んでいた。

六日目、大教会からおぢばまでの十二キロを、二人で歩いた。そして親神様・教祖の前で、感激のお礼参拝をした。西回廊まで来ると「憩《いこい》の家」が見えた。病院であることを説明すると、彼は「診察を受けられますか」と聞いてきた。

明くる日、早速受診すると「重度の糖尿病です。すぐに入院を」と言われた。それから二カ月間、彼は入院した。そして体調も戻り、退院の朝に修養科に入る心を定めてくれた。

だが、退院の日、「憩の家」の玄関前で「職場にお詫《わ》びをしてくる」と言って別れたまま、行方不明になった。私は毎日、本部神殿で彼の無事を祈り続けた。

五、六日して、夫人から連絡を受け、大阪市内の病院に駆けつけた。頭は剃《そ》られ、チューブがいっぱい体に取り付けられていた。呼び掛けても、まばたきもしない。いままでどこで何をしていたのか、何が起きたのか、誰《だれ》も分からない。「ここまでご守護を頂けたのに」「これからだったのに」。そう思うと悔《くや》しかった。

教会の役員宅の講社祭で、彼の話が出た。

「どうです」と尋ねられて、私は「毎日、おさづけを取り次いで帰ってくるだけです」

と答えた。「おさづけだけでっか」と再び問われて、「意識がないしね」と答えた。

するると、「魂に教えの理を取り次がせてもらわなあきません」と、凛《りん》とした声で言われた。その役員は母の小学校の恩師であり、母と共におたすけに歩いて教会の礎《いしずえ》を築いた人である。膝《ひざ》が震えた。

「理を伝える。どうしたらいい」。考えに考えて、私は病室に『天理教教典』を持参した。そして、おさづけを取り次いだ後、第一章を彼の耳元で朗読した。翌日は第二章、そしてその翌日は第三章。第十章を朗読して帰った翌朝、彼が出直したとの知らせを聞いた。最期まで意識は戻らなかった。

「なぜ?」「どうして?」。私は煩悶《はんもん》した。考えに考えて、「おたすけの道中に『何で?』はない」と思い至った。「すべては親神様のおはからい。喜びを見いだして通るのが道」――そう思えるまでには、時間がかかった。

そんなころ、「頼みますわ。私では難しい」と、家内が糖尿病の方のおたすけを持ち込んできた。

病室を訪ねると、みけんに深いしわが刻まれ、私の話を聞こうともしない。右足は根元から切断され、左膝《ひざ》も曲がったままである。そして、言語障害で話せない。

その人は、まじめひと筋の勤め人だったという。定年後、それまで飲まなかった酒を飲むようになり、間なしに依存症となった。そして、わずか五年で糖尿病に。

私は、「この人の毎日は地獄だろう」と思った。そこで毎日、おさづけの後で、かしもの・かりものの話をし、「あんたの喜びはなんや。考えてみい」と耳元でささやいた。

半月くらい過ぎたある日のこと、いつもみけんにしわを寄せ、左右に首を振っていたその人が、この日は妙に静かだった。そして、紙に「家内」と書いて、ほほえんだ。

言語障害の彼とのコミュニケーションは、筆談だった。

「私はいつも家内に不足をし、恨んでいた。だから、あんたに毎日『喜びは?』と聞かれて、針のむしろだったし、腹も立った。でも、ずっと考えているうちに、本当に感謝せんならんのは家内やった、喜びは家内がいることやと気づいた。照れくさいから、心の中で手を合わせます」
そう書いて、彼は素晴らしい笑顔を私に見せてくれた。

人をたすけて……

向井 光男《むかい・みつお》
清光《きよみつ》分教会長〈広島県府中《ふちゅう》町〉

九月も末、一人のよふぼくが、「若先生、この人の息子さんをたすけてあげて」と、近所の婦人を伴って教会にやって来た。その婦人の二十九歳になる息子が、一カ月前から家にこもり、母親とも口をきかないという。

事情を聞くと無理もなかった。父親が亡くなり、祖父の代から続いた会社が倒産した。家庭内でいざこざが続く中、妻が去った。精神的衝撃と経済的困窮、将来への不安などから、家にこもるようになったのだ。

容体を聞くうちに、うつ病ではないかと思えた。しかし母親は、病院にはかかりた

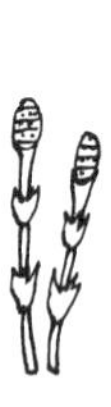

くないと言う。「たすかるもんなら、たすけてください」と繰り返す母親に、別席についてて話し、「お母さんからまず、成人への歩みを始めてください」と話した。

その夜、会長である父に相談すると、「来月は、青年会ひのきしん隊の月じゃろ。一緒におぢばで伏せ込ませてもらったらどうじゃ」と言う。一抹《いちまつ》の不安はあったが、それに従うことにした。

母親に話すと、どうぞ連れていってくれと言う。そこで、車で彼を迎えに行き、そのまま天理に向けて走り出した。

ところが、信号で止まるたびに車から飛び降りる。「家に帰る。行きたくない」と言うのをなだめすかし、「おぢばというのは人間を創《つく》ってくださった親神様と、人間のたすかる道を教えてくださった教祖がおられる所。わしと一緒に汗を流して、元気になろう」と話して車に乗せた。

だが、次の信号が赤になると、また飛び降りる。こうした身上のおたすけは、そのときが初めてで、私も必死だった。高速道路に乗るまで何度か同じことを繰り返し、やっとの思いで天理に向けてアクセルを踏んだ。

ひのきしん隊に入ってからが、また大変だった。まず、朝が起きられない。皆は本部の朝づとめに参拝し、教祖殿御用場でのまなびを済ませて第一食堂に向かう。そのころに、ようやく追いつくといった具合であった。

ひのきしんに出たのは三日に一回くらいで、ようやく現場に出ても、彼の思いは自分の内側に向いているから周囲が見えていない。建築廃材の整理では、石材をドンと投げる、木材を担いだまま急に方向を変えるなど、事故が起きないかと冷や冷やのし通しだった。私は、親神様におすがりするしかないと、毎日、昼休みに第百母屋《もや》の修練室で十二下りのてをどりまなびを勧めた。

そんな幾日かが過ぎ、思い余って父に電話をした。すると、いきなり「ばか者！」ときた。

「おまえは何を言うとんのか。単独布教までした者が、たった一人の青年をたすけられんか。しかも、おぢばじゃ。すぐに教祖の前で、おさづけを取り次がせてもらえ」

頭をぶん殴《なぐ》られたような気がした。

翌日は休養日だった。彼の分の朝食を持って第百母屋に戻ると、よそ行きに着替えている。どうしたのかと聞くと、離婚した妻に会いに大阪へ行くのだと言う。会えるわけがないと言って止めたが、聞こうともしない。

私の頭にも血が上り、彼の胸ぐらをつかんだかと思うと、殴り飛ばしていた。メガネが飛び、シャツのボタンが音を立ててちぎれた。私自身、呆然《ぼうぜん》となったが、へたへたと座り込んだ彼は「先生、ありがとう」と。私は、さらに唖然《あぜん》とした。

「僕のことを本当に心配して怒ってくれたのは、先生が初めてや」。そう言うと、彼はポツリポツリと自分の身の上を語り始めた。父や母への恨みつらみ、離婚した妻への愛……。それから三時間、私はただただ聞いた。

その二年前までの三年間、私は単独布教をしていた。初めておさづけを取り次がせてもらったのは、脳血栓《のうけっせん》の後遺症の人だった。話を取り次ごうとすると遮られ、その人の話を一時間聞いた。もういいだろうと、話そうとすると、また一時間。さらに話そうとして一時間。そうやって九時間、話を聞いた後で、「あんたは偉いなあ」と言われた。「私の話に、よう付き合ってくれた。さっ、拝んでくれんね」と。そのときの経験から、私は、相手の心の中が空っぽになったときに本当のおたすけが始まることを知った。

彼は、二十九年間、胸の内に積もったものを吐《は》き出すと、穏やかな顔になった。それからは毎日、教祖殿の存命の教祖の御前《おんまえ》で、おさづけを取り次がせていただいた。だが、よくなったとはいえ、彼はまだ自分のことしか見えない。そこで、ひのきしん隊が終了した後、そのまま修養科に入ることを勧めた。幸いなことに、私は詰所の教養掛に当たっていた。十一月、十二月、一月と、厳寒の親里で、彼は周囲の人々のぬくもりに守られて、少しずつ回復していった。

それから三カ月、彼は私と共に、奈良市にある上級教会に住み込んだ。そして、徒歩で二十分のところにある大教会へ、二人で毎日、ひのきしんに通った。彼はさらに一年間、私の教会にも住み込んだ。その間に私は、彼の職を探した。

神戸で就職し、やがて大阪に転勤した。それから五年間、私は三、四カ月に一度、大阪を訪ねては、泊まりがけで語り合った。

五年前、日本海側の都市へ転勤になったのを機に、彼の家に神実様《かんざねさま》を祀《まつ》り込んだ。私は「月に三十部でいいから、パンフレットを配らないか。困っている人を見つけたら私に知らせて。そろそろ、おたすけのできるよふぼくになろうよ」と話した。

それから毎月、講社祭に通い、一緒におたすけに回った。彼は、家庭の事情で行き場のない子供を世話し、周囲の人に声を掛けた。そんなとき、彼の眼はキラキラと輝いていた。

昨年の夏、私の携帯電話が鳴った。「また、身上が出たんや」と彼が言う。私はすぐに駆けつけた。朝が起きられない、仕事をしたくない、そんな自分に気づいて受診したところ、診断は軽いうつだった。「良かったなあ、自分で分かったんだ」と言うと、彼もうなずいた。

私は、自分の心に隙《すき》があったことをさんげした。会長になって九年、教会の普請から五年、どこかに慢心があったのだとお詫《わ》びした。

一方で、彼の成長が嬉《うれ》しかった。おたすけとは低い心になること。その心にきっと、神様は働いてくださるに違いないと思うから。

手を引いていただいて

板津 政則《いたつ・まさのり》
各務ケ原《かがみがはら》分教会前会長〈岐阜県各務原《かかみがはら》市〉

大教会に詰めていたとき、その電話はかかってきた。
「お父さんがロクロに手を挟《はさ》まれて、お医者さんは切断せんならんて言うんです。会長さん、たすけてください」
それは三十年来のよふぼくで、自らの身上をたすけられて入信し、友人知己《ちき》へのにをいがけを実行してきた婦人からだった。ただ、ご主人は、毎年の教会の団参に参加し、おかえり講話を聞いて「えー話やったなあ」とは言うものの、別席はまだ運んでいなかった。

私は、「どっちの手？」「どこの病院？」と聞き返した。そして、急いでお願いづとめを勤め、病院に駆けつけた。

見れば、右手の手首から先が青黒く腫《は》れあがっていた。勤め先である家屋の壁土の材料を作る工場で、一日の仕事を終え、原材料を粉砕する機械の掃除をしているときに、うっかり体で電源スイッチを押してしまったのだという。

翌朝九時から手術をする予定で、医師には「切断しなくてはならないかもしれない」と言われたという。

「先生、たすからんですか」と私を見上げる彼に、「今朝、仕事に出るときに何かなかったか？」と尋ねると、ささいなことで夫婦げんかをしたと言う。「不足は切る理やなあ。互いにたんのうをして、拝み合って通らなあかんな」と諭すうちに、心に浮かんでくるものがあった。

「この機会に別席を運んではどうかな。もう六十歳も過ぎたことやし、娘さん夫婦にも一緒に運んでもらったら。それから奥さんはよふぼくなんだから、教会の月次祭のおつとめ奉仕を欠かさないようにね。心定めができたら、おさづけさせてもらおう」

そう話をし、「そうしたら、明日は切らんでも済むよ」と言い添えた。

私の胸のうちには、必ずたすけていただけるという確信があった。教会長になって四十年余りになるが、その間に私自身、幾度たすけていただいたことか。

父が大教会から各務ケ原の地に派遣され、教会を設立した大正六年に私は生まれた。半世紀たって、老朽化した神殿を建て直し、完成した直後に胃潰瘍《いかいよう》を患った。五十二歳だった。自分の腹立ちをさんげし、御供《ごく》を頂くうちにご守護いただいた。

三年後、大教会の神殿普請のふしん委員長として務めているさなかに、肺結核の身上を頂いた。医者の制止を振り切って普請に没頭する中に、いつしかご守護を頂いていた。

十年後、六十五歳のときには、台風で雨漏りする旧神殿の屋根に上っていたら、垂木《たるき》が腐っていて転落し、背骨を折った。当初は下半身不随かと危ぶまれたが、これもたすけていただいた。

そして教祖百年祭の二年後には、目にお手入れを頂いた。かかりつけ医から眼科専門医、赤十字病院と紹介され、診断は網膜色素変性。「手術もできない。いまのうちに行きたい所に行って、眺《なが》めておきなさい」と言われた。だが、「絶対に、たすけてくださる」、そんな思いがあった。親である神様は、成人を待ち望まれているから。

その日から毎日、朝づとめの後で一人、真剣に十二下りを勤めた。おうたの一つひとつを味わい確かめ、手振りに込められた親心を思案しつつ。

三カ月ほどたったころ、「板津さん、一時はどうなることかと思っていたが、快方に向かっとるよ」と、赤十字病院の医師に言われた。紹介状を書いてくれた近所のかかりつけ医は「目、ようなっとるというやないか。信仰というのは不思議なもんだな」と言ってくれた。

翌年の六月、大教会長様が教区長になられたのに伴って、大教会に住み込むようにとの声を掛けていただいた。「青年づとめのつもりで、一生懸命につとめさせていただこう」と決意して、お受けした。

自教会のよふぼくの夫が工場で手をけがしたのは、そうしてつとめさせていただいているときだった。医師に、手首から先を切断することもあり得ると言われていたが、私は心定め一つでご守護を頂けると信じ、そう伝えておさづけを取り次いだのだった。

翌日の早朝、病院から弾んだ声で電話がかかってきた。どうしたことか、昨夜まで青黒くむくんでいた手に血が通っているのだという。「会長さん、切らずに済みます」と、夫人は涙ぐんでいた。

その翌日にこんなことがあったと、後になって聞いた。夫妻の二女は化粧品のセールスをしていたが、たまたま訪ねた家で話し込んでいると、相手が「きのう、不思議なことがあってね」と話しだしたという。

「うちの病院に、事故で手首から先を機械に挟まれた人が入院してきて、きのうの朝に手術するはずだったのよ。だめなら切断かなって。それが朝になったら、血が通ってて、切らずに済んだの」

「それ、私の父です。天理教の先生に、おさづけというのをしてもらったから」

二女は叫ぶように言ったと聞いた。

その後、一カ月ほど治療を受けて退院し、家族で教会にお礼参拝に来た。そして翌月から、本人と、長女と二女夫婦の五人が、そろって別席を運ぶようになった。

四月、教祖誕生祭の団参でのこと。本部の食堂に入る列の中で彼は、右手をかざしながら大声で話し始めた。

「皆さん、私のこの手は、天理教の先生におたすけしてもらって、切らずに済んだんだ!」

彼の手は少し変形したままで、冬になって冷たい風に当たると痛むという。拍子木や太鼓をたたくと「響いていかん」と言うが、それでも日常生活には不自由はない。

ご守護とはまず、生かされて生きていること。さまざまな身上を見せていただき、そのたびに心をつくり、伏せ込み、歩ませていただいて、いま八十六歳。しみじみと、そう思う。それもこれも導いてくれた理の親があって、教祖に手を引いていただき、親神様のお働きを頂いていればこそ。

教祖のお供を

吉岡　武司《よしおか・たけし》
本将《ほんしょう》分教会長〈愛知県豊橋《とよはし》市〉

詰所の副主任兼教養掛を拝命して丸三年がたとうとしていた。いつものように修養科生を送り出した後、朝礼。職員全員でおつとめを勤め、てをどりまなびをし、「おふでさき」拝読。終わったころ、一本の電話が入った。
大教会の役員先生からだった。岐阜県大垣《おおがき》市の病院に入院している教会長の容体が悪いので、東京から向かうより、おぢばから行くほうが早いから、おさづけを取り次いでくるようにと、そう言われた。
取るものも取りあえず、本部神殿に参拝し、教祖にご報告とお願いをして、近鉄電車に飛び乗った。「大教会長様の代理」というご用の重さに身の引き締まる思いだった。だが、勇み心は湧《わ》いてこなかった。「私のような者に、このご用が務まるだろうか」「親神様は、お働きくださるだろうか」と、そんな思いばかりが渦巻いていた。

その年の元日、部内の布教所長が、教会の元旦祭の帰りに交通事故で出直した。私が教会長となって八年、杖《つえ》とも柱とも思ってきた人だった。足元が崩れるような感じだった。

だが、そればかりではない。詰所に勤めた最初の年に二人、次の年に六人、三年目に二人と、教会ではよふぼく・信者の出直しが相次いだ。その中には、前会長の代から熱心に尽くし運んでくださった集談所長が三人いた。いずれも高齢だったとはいえ、ご守護を頂戴《ちょうだい》できなかった申し訳なさと、やり場のない焦燥感に駆られていた。

京都駅に着いて表示を見上げると、岐阜羽島《ぎふはしま》駅に停《と》まるのは「こだま412号」。新幹線ホームに駆け上がり、一号車の乗降位置に向かった。

しばらく待っていたが「少しでも目的地に近い位置に」との思いが込み上げてきた。

進行方向である東に向かって、思わずホームの上を歩きだしていた。

列車がすべり込んできたときには十四号車の辺りだったが、前方の十五号車に見覚えのある人が乗り込むのが見えた。後に続いて乗り込むと、本部員先生だった。

声を掛け、隣に座らせていただいた。おたすけに赴《おもむ》く際の角目《かどめ》をお尋ねしたいとの思いからだった。誰《だれ》かに聞いていただきたかった、誰かに教えてほしかった。教祖のお引き合わせだと思えた。

先生も、愛知県の豊橋にある教会に、おたすけに出向かれるところだった。子細をお話しすると、じっと聴いてくださった。私の話が終わると、「教祖がここにおいでになるから、心配しなくていいよ」と、窓側の席に面を巡らされた。

先生が座っているのは、三人掛けの真ん中の席。窓側は空いていた。そこから包みを取り上げ、「教祖のお下がりだから」と、ラップに包んだ冷凍したご飯を取り出し、半分に分けてくださった。

「どこまでも『教祖のお供をさせていただく』との思いで行かせてもらえばいい」と。

岐阜羽島駅で先生を見送り、タクシーで病院へ急いだ。危篤だという教会長さんは、一年前に運転手と助手席の方が即死という交通事故に遭《あ》い、唯一の生存者ではあったが重傷を負って入院しており、年の暮れに壊死《えし》した左足を切断していた。夜中に突然、全身けいれんが起きて、一命も危ぶまれるとの話だった。

容体は思ったよりも良かった。鼻に酸素チューブを通し、流動食しか食べられないとはいえ、ベッドを少し起こして横になっていた。

早速、本部員先生に分けていただいた教祖のお下がりを手渡した。教会長さんは押し頂くと、まだ凍っているご飯を手で割り、口にした。

続いて、おさづけを取り次ぐと、そのまま寝入ってしまった。

翌一月三十一日は、元日に出直した部内の布教所長の三十日祭だった。二月一日、豊橋市の自教会からおぢばに帰る途中、大垣市の病院を訪ねた。教会長さんは酸素チューブも取れ、「先生がリハビリをしようと言うんだ」と元気に笑っていた。鮮やかなご守護に、ただ感激した。

ところが十二日になって、危篤との電話が入った。リハビリの後、風邪《かぜ》をひき、肺炎を引き起こしたという。駆けつけると、顔には酸素マスク、意識はなかった。眼球に、死んだ魚の眼のような半透明の膜がかかっていた。

医師は「高齢で一年以上も入院しており、ほとんどの臓器が傷《いた》んでいる。いつ死んでもおかしくない」と言った。

十三日は豊橋で講社祭を勤めて、大垣に。十四日も布教所長の五十日祭に戻り、大垣へ。十六日から三日間はおぢばから大垣へ通い、十九日は自教会の入社祭の途次、おさづけの取り次ぎに通った。

無我夢中だった。詰所のご用、教会のご用、そしておたすけ。迷いも、悩みもなかった。「たすけていただきたい。たすけていただける」。そう確信していた。

鮮やかな姿を見せていただいた二月一日に、詰所に帰って気づいたことがあった。最初に大教会からの電話を受けた一月三十日の朝、拝読していた「おふでさき」は十二号だった。そしてその中に「いかほどにむつかしよふにをもたとて　月日ひきうけあんちないぞや」(71)とのおうたがあった。

「いかな結果を見せてもらったとしても、すべて親神様の思召《おぼしめし》。親神様のなさること」。

腹の底から、そう思えるようになっていた。

二月二十日からの三日間は、天理から通った。酸素マスクが取れ、意識が戻り、二十二日には流動食になった。

二十三日からは、かんろだいの前でお願いづとめを勤めた。

三月一日、病院を訪ねると「重湯《おもゆ》が食べられたよ」との声。それからは日一日と回復し、三月末に退院できた。

教会長になってそれまでの八年を振り返れば、にをいがけもおたすけも、している「つもり」だったのかもしれない。親神様にもたれ、教祖のお供をして歩むことを、あの節で、あらためて学ばせていただいたように思う。

一度のおさづけで

仲 信治 なか・しんじ
西弘徳《にしこうとく》分教会長〈京都市〉

毎年、「こどもおぢばがえり」の声が聞こえてくると、あるバングラデシュ人の一家を思い出し、あらためて、ぢばの理と、おさづけの理のありがたさをかみしめる。

当教会の創立三十周年の年だったから、もうずいぶんになる。

油照りの京都の街を、「こどもおぢばがえり」団体の直前の勧誘に回ってきた妻が、私に相談があると言う。聞けば、信者さんの子供の同級生が一緒に参加したがっているとのこと。

「でも、お父さんが留学生なの。文化も違うはずだから、きちんと説明しておかなくてはと思って」

訪ねると、その留学生は物腰も穏やかな紳士だった。日本の大学院で修士課程を終え、旱魃《かんばつ》に悩む故国のために博士課程で稲作の研究を続けているという。

だが、参加には同意してもらえなかった。「私たちはイスラム教徒。宗教行事には参加させられない」と。

「それはよく分かる。しかし、せっかく日本に来ているのだし、本人たちも参加することを希望している。素晴らしい機会だから、ぜひ楽しい思い出をつくってあげたい」と説得した。

九歳と八歳の二人の息子は、大人たちのやりとりをじっと聞いていた。話すうちに、同意を得られない最も大きな理由は、身重の夫人にあると分かった。小学校に通っている子供たちは、日常会話程度なら不自由はしない。妊娠八カ月で、日本語の分からない夫人にとっては、頼りになる子供たちなのだ。

私は好奇心に光る子供たちの瞳《ひとみ》に励まされて、幾度か足を運び、話し込んだ。世界中の人間はきょうだいであること、「こどもおぢばがえり」には国内だけでなく世界の各地から子供たちが集まり、笑顔が飛び交っていることなどを、熱を込めて話した。

そのころの私は、教会長後継者に迎えられたばかりだった。上級教会では早くから海外布教を志向しており、「外国人観光客の多い京都という地の利を生かして、身近でできる海外布教を」との空気に満ちていた。高齢の婦人までもが「グッドモーニングでございます」と声を掛ける教会の雰囲気に、私も感化されていたのだろうと思う。

ようやく子供たちの両親から許可が下りたのは、団体が出発する直前だった。

二泊三日、子供たちは本当に楽しそうだった。他の団体の子供たちが兄弟の浅黒い肌をからかうと、みんながむきになってやり返した。国籍や言葉の違いを超えて、子供たちは本当のきょうだいになった。

帰ってきた子供たちが、どんな報告をしたのだろう。私が研究室を訪ねると、快く迎え入れてくれた。彼とは年も近いとあって、妙にウマが合った。たびたび訪ねては、それぞれの国のこと、研究のことなどを語り合った。

そんな中で「学校給食に豚肉が出た。それは困ると、申し入れをした」と聞いた。イスラムの戒律のさまざまを、教えてもらった。

年が明けて間もなく、一本の電話がかかってきた。

「シンジ。天理教の神様は何でもたすけてくれると言っていたが、本当か?」と彼が聞いた。

「本当だよ」と私は答えた。

十歳になった長男が高熱を出しているという。休日とあって、病院は休みだった。

「十五歳までは、親々の責任と教えられている。まず、あなたが教会に参って、神様にお願いしなくては」と話した。

間もなく、市バスに乗り、お供えの一升瓶《いっしょうびん》を抱えてやって来た。お願いづとめを済ませると、彼を車に乗せ、一緒に自宅へ行き、おさづけを取り次いだ。

理は鮮やかだった。翌日、妻がおたすけに赴《おもむ》くと、長男は元気になっていた。水疱《みずぼう》瘡《そう》だった。

それから二週間後、九歳の二男が水疱瘡になった。そしてその翌日にはなんと、生後四カ月の三男まで水疱瘡になった。私、妻、そして義父である会長と、三人でおさづけの取り次ぎに通った。

そんな中で、だんだんとお話を聞いてもらえるようになった。「かしもの・かりもの の理」と教祖の道すがらには、特に感銘を受けたふうだった。

子供たちの水疱瘡が一段落した二月の半ば、夫妻が子供たちを伴って教会に参った。そしてバングラデシュの料理を取り出すと、「神様にお供えをして、この子の初参りをしたい」と申し出た。

「日本で生まれた末の息子は、神様に参っていない。ぜひ神様に伝えて、今日のことを記録に留めてほしい」

「記録に?」と問い返すと、「大きくなって日本に来るときのために、この子にもここで初参りしたのだと教えておくから、証拠を残しておいてほしい」と。

夫妻の心づくしの料理をお供えし、息子さんが健やかに成長しますようにと祈念させていただいた。

夫妻がおぢばに帰り、別席を運んだのは、その月の二十一日のこと。寒の中にも、明るい日の差す日だった。

それから三度目の春、彼は念願の博士号を取得した。ある日、大切そうに学位記を携えて姿を現すと「神様にお礼が言いたい」と言う。私も妻も、みんな大喜び。学位記を神前に供え、お礼のおつとめを勤めた。彼の心が嬉《うれ》しかった。

帰国の日、大阪空港で彼から一人の女性を紹介された。家族ぐるみで付き合ってきた数少ない友人の一人だからと。

「国に帰ったら、なかなか日本にも来られないだろう。代わりに、この人に天理教の話を聞かせてあげてほしい」

彼から、私たちのことや教えについて話を聞いていた彼女は、間もなく別席を運んでくれた。そして、彼女が渡米することになったときには、その伯父《おじ》が別席を運ぶことになった。

始まりは、あの夏の「こどもおぢばがえり」、そして、たった一度のおさづけの取り次ぎだった。親神様・教祖の親心に導かれて、やがて人の輪は広がり、教えを耳にした人がいまバングラデシュに、そしてアメリカにいる。その不思議を思い、ありがたさを思うとき、「世界たすけを目指して、身近なお取り次ぎに励まねば」と、そう思う。

おさづけはありがたい

沖　米子　おき・よねこ
廣島港《ひろしまこう》分教会前会長夫人〈広島市〉

「おたすけの話を」と尋ねられて振り返ると、自教会でのこと、詰所でお世話した修養科生のことと、幾つもの感激がよみがえってきました。

その中でも、大教会長様からご命を頂いて赴《おもむ》いたタイ、メキシコなどでの海外の方々との出会いには、また格別の感慨がございます。

ナゴヤ・メヒコ教会の会長就任奉告祭を前に、婦人二人で三カ月間、メキシコに行かせていただいたのは、もう二十年も前のことです。

現地では、女鳴物はもとより、鳴物全般、祭儀式、おてふりなどをお教えし、さまざまな準備に当たりました。

そんな中、ひのきしんに来ていた女性よふぼくから、九歳の息子さんの身上について相談がありました。見れば、両眼が真っ赤に充血しています。痛みが激しく、病院を回っても治らないというのです。

通訳を介して、「神様におたすけいただこうね」と声を掛けました。母親には、「この子がおなかに宿った一カ月目から、ご主人に対してよほど喜べない思いがあったんじゃないですか」と尋ねました。そして「目は、くにとこたちのみこと様のご守護。月様、世界では水の守護の理」だとお諭ししました。

すると、「ワッ」と泣きだされたのです。そして、「以前から夫婦仲が悪く、娘と息子の世話を先にして、夫のことは常に後回しにしていた」と言われました。

「私たちが教えていただいているのは、そうではないでしょう」と諭し、「今日、家に帰られたら、子供たちにも、お父さんは大切なんだと教えてあげてください。食事でも一番先に差し上げ、子供たちはその後にしませんか」と話しました。

納得していただけたようでしたので「これからも、徳積みのこと、理について、いろいろとお話ししましょうね」と申し上げ、その日から三日三夜のお願いをさせていただきました。

翌日、その方のご主人が飛んで来られました。「妻の態度が気持ち悪いほどに変わったので、『何かあったのか』と聞くと、『ハポン（日本）から来たセニョーラ・オキに話を聞いたら、子供も大事だが、まず夫を大切になさいと教えられた』と言うので、いったいどんな方なのか、教えなのか知りたくて来た」と言うのです。

そして「何のためにメキシコに来たのか」と問われるので、教えと教会や会長就任奉告祭について話しました。加えて息子さんの身上と、そのおたすけについて話すと「それは素晴らしい。その奉告祭で、私にも何かできることはないのか」と、申し出てくださいました。

やがて迎えた奉告祭では立派に太鼓をつとめ、ひのきしんもしてくれました。その後、メキシコシティーの自宅に神実様《かんざねさま》を祀《まつ》り込み、いまも実に仲のいい、おしどり夫婦で通っています。

三日三夜のお願いで、眼の身上をすっきりとご守護いただいた少年は、その後も教会に心をつないで、たくましい青年に成長しました。ドイツの大学院で修士課程を終えて帰国し、活躍しています。

もう十年ほど前になりましょうか、おたすけのご命を頂いて、東南アジアのタイに通ったことがあります。三カ月ほど滞在して帰り、一カ月してまた訪ねるといったことが三年余り続きました。

というのも、現地よふぼくが、バンコク北郊パトンタニ県にある八階建てのナバナコン病院を買収したからです。そのよふぼくは母親の代からの信仰で、手広く事業をしていますが、おぢばで見た「憩《いこい》の家」に感激し、「タイにもぜひ、医療だけでなく、おさづけを取り次げる病院を」と思い立ったのでした。

大教会に相談があり、役員、婦人、教会長が代わる代わる訪問し、ナバナコン講社を拠点に、病院に通いました。そこでは、実にさまざまな人との出会いがあり、不思議も数々お見せいただきました。

ある日、「神様にお願いして」と、病院の事務職の女性から頼まれました。母親が脳梗塞《のうこうそく》で倒れたが、医師は「手術してもたすからないから、費用は要《い》りません」と言ったというのです。

白いガウンを着てＩＣＵ（集中治療室）に駆けつけると、七、八人の若い女性が「クンメー（母さん）、クンメー」と声を掛け、泣きながらベッドに取りすがっていました。

その日から、懸命のおたすけが始まりました。講社で十二下りを勤めてから、ＩＣＵに通いました。

すると二週間ほどたったころ、マヒしていない側の手の指が動いたのです。やがて意識も戻りました。娘さんたちの喜びようは大変なものです。私は、今度は鼻、口、胃と、全身に差し込まれているチューブを「外すことができますように」とお願いをしました。

おさづけとはありがたいものです。医師が「たすからない」と言った病人が薄紙をはぐように回復し、マヒは残ったものの、退院できたのです。その後も週に一回ほど、近郊にある自宅に、おたすけにやらせていただきました。

交通事故に遭《あ》われた方のおたすけも随分ありました。ある日ICUを訪ねると、担当のナースが「この人に」と言ったのは四十代の男性。脳挫傷《のうざしょう》、内臓破裂、全身六カ所の骨折と、まさに瀕死《ひんし》の状態でした。

ナースが家族に、「日本から来ている天理教の〝聖職者〟で、おさづけというのがある」と説明すると、「コートナカー（お願いします）」と手を合わせてくださいました。

この方も、意識が戻るのが割と早く、やがて上階の病棟の大部屋に移り、退院しました。しばらくして、「元気に仕事に励んでいます」との嬉《うれ》しい便りが届きました。

そんな日々の中、病棟の廊下を歩いていた私に、直前に喘息《ぜんそく》の発作で苦しんでいた方が、わざわざベッドの上に起き上がって手を振ってくださったこともありました。

その後、法律により病室に入ることが難しくなったため、おたすけ活動は五年で終了しましたが、この間に私たちが取り次がせていただいたおさづけの回数は五万回を数えました。ありがたく、得がたい体験をさせていただいたと感謝しています。

教会はたすけの道場

中西 眞太朗《なかにし・しんたろう》
宮津《みやづ》分教会長〈京都府宮津市〉

教会として、会長として毎年、私も心定めをさせていただいている。多くの教会では、おつくしの金額か、あるいは初席者何人、おさづけの理拝戴《はいたい》者何人などと定めるようだが、私はまず「来年は教会家族を何人」と心定めしてきた。

教会家族とは、私の家族と、いわゆる住み込み人さんである。だが、そうした区別をせず、親神様・教祖のおられる教会に住まわせていただく〝一つの家族〟と考えている。以前に会長を務めていた教会では二十人前後、現在の教会をお預かりしてからは三十人ほどと定めている。

そう心定めをするようになったのは、ある意味で自然の成り行きだった。いわゆるマイホームとして暮らしたのは、最初に教会をお預かりした昭和四十九年の一年だけで、以後三十年近く、いつも誰《だれ》かしらが教会にいた。

その多くは、おたすけ先で出会った行き場のない人や、教会でなければたすからないと思える人たちである。だからまず、〝教会家族〟となるに至った事情のおたすけにかかった。さらに、〝家族〟となってから身上や事情を見せていただくことも少なくなく、生活の場が即おたすけの現場でもあった。目の前だから、目をつぶったり、避けて通ることはできない。おたすけせざるを得ない。だから、私自身たすけられてきたのだと思う。

教会家族となる事情は、アルコール依存症、多重債務、夫婦仲の破綻《はたん》、孤独な高齢者など、さまざまである。

多重債務の場合、消費者金融などからの借金が三百万円を超えたら、通常の生活は立ち行かなくなる。かといって、誰かが借金を肩代わりしたり、安易に自己破産しても、また繰り返すことになる。だから、教会に来る限りは自己破産はさせない。弁護士を入れて和議に持ち込んだり、その費用がない場合は私自身が金融業者のもとに出向いて、利子相殺《そうさい》などの交渉をした。業者は嫌《いや》がることもあったが、天理教の教会長であると名乗ったうえで「話に乗ってもらえんなら、この人がどっか行ってしまうだけや。私と話したほうがいいんとちゃうか。話ができたなら、きちんと返済させるから」と言うと、だいたい相手になってくれた。

教会家族となったなら、朝は神殿掃除、おつとめから始まる。アルコール依存症の人も含めて、規則正しい生活が第一である。

債務のある人は、日中は働きに出る。月に十五万円の収入があれば、十万円を借金の返済に充て、五万円を生活費として教会に納めさせた。そうする中で十人中八、九人は切り抜けてきた。そうして生き返った中から、後に教会長となった人もいる。

彼らを、私がたすけたわけではない。もちろん、時に厳しいことも言ったが、教会で共に暮らす中で、たすかる道を見いだしてくれたのだ。

そんな経験から得た結論は「家族は多いほどいい」ということ。一人や二人では、会長の目が届き過ぎて、息が詰まる。何人かとなれば、お互いに、こうするんだと教え合うようにもなる。教会はまさに、たすけの道場。現代社会が失った大家族が、たすけ合い、支え合う心を育《はぐく》んでくれるのだ。

食事や寝る所の世話、経済的なやりくりと、家内の力なしにはやってこれなかったと感謝している。私たち夫婦の実子は男の子二人。彼らが成長する道中では、子供だけで七人というときもあった。ごちゃごちゃのごった煮のような中で、元気に育ってくれた、否《いな》、お育ていただいた。ありがたい。

わが教会家族の原点は、一人の少年だった。父親が事業に失敗して妻子を置いて家を出たため、教会で預かることになった。少年は中学を出たばかりで、私は教会長二年生だった。翌年、中学二年の妹もやって来た。やがて母親も、教会に帰ってきた。父親からは、「いずれ迎えに行く」と連絡があった。

しばらくして、父親の新しい商売が軌道に乗ったらしいとの噂《うわさ》が聞こえてきた。訪ねてみると、新しい暮らしも始まっていた。

新米教会長は母子と談じ合い、「親神様の思召《おぼしめし》やからなあ」「果たさんならん、通らんならんこともあんねん。これを越えたら、きっと楽しみがある」と言った。

その翌年、教会の普請が始まった。新築ではなく、修繕である。雨漏りがひどく、手をつけたら次々とやらねばならなくなった。とことんやってしまえと腹をくったが、お金はない。ある日、ついに借金をしなければならなくなった。

そんな思案をしつつ教会に戻ると、神前に新聞紙の包みが供えてあった。開けると五百万円入っていた。中学生の娘が「神殿普請やいうて皆がきばってやってはんのに、うちからは誰も来《き》いひんし、お供えもできひん。うちらだけ居候《いそうろう》みたいにしてんのかなわん。『お父ちゃん、なんとかしい』て、うち電話してん」と言う。「お父ちゃんが、おまえの思うように使《つこ》うたらいい言うて、置いていった」と。

「そうか、じゃあ思うように使うたらええやん」と言うと、「お供えする」と言う。

「本当にすんのんか。米や魚やったら、お下がりを頂けるけど、お金はお下がりあれへんねんど。いいんか」

「それでもお供えする」

そのけなげな思いに、涙がこぼれた。

少年は新聞配達を始めた。毎月、給料袋がそのまま賽銭箱《さいせん》に入っていた。母親、そして娘も勤めに出、賽銭箱から三つ、封をしたままの給料袋が出てきた月もあった。それを手にした私の胸の内は……。

その後、母子のうえにはさまざまなことがあった。つらいことも、嬉《うれ》しいことも。そしていま、母親は教会名称の理を預かり、息子と娘が母を、教会を支えている。娘の子供の一人は大学に進み、一人は親里の学校に学んでいる。

いまがあるのは、真っすぐに親神様・教祖を見詰め、伏せ込んできたからだと、そう思う。

振り返れば皆、いんねんあって出会い、生活を共にした家族。それが嬉しい。いまも教会には三十人が起居を共にしている。家内は、そのやりくりに相変わらず忙しい。

教祖百二十年祭に向かって

たすかりの旬

前田 正文 まえだ・まさふみ
鷲文《わしふみ》分教会長〈奈良県下市《しもいち》町〉

車を降りると怒声が聞こえた。坂道を駆け上がると、四十歳になる息子に母親がむしゃぶりついていた。息子は家の周りに灯油をまき、「焼き殺したる」とわめいていた。胸騒ぎは当たった。上級教会でひのきしんをした帰路、妙に気になって、前の年に修養科を出たよふぼくの家を訪ねたのだった。

息子は私と同じ年。二人を引き離し、落ち着かせようとしていると、雪を頂いた山々にサイレンがこだました。駆けつけた警察官三人は、母親の要請で、心を病む彼を保護するという。連れていかれては、おたすけができない。

「私は天理教の教会長です。彼のことは私が責任を持ちますから、教会で預からせてください」

警察官たちは顔を見合わせていたが、年かさの一人がうなずくと引き揚げていった。

翌日、心配した親類が訪ねてきて、「入院させる」と彼を連れていった。だが夕刻、病室がいっぱいで入院させられなかったと帰ってきた。

教会は当時、神殿普請のさなかだった。隣家を借り、階下を仮神殿に充て、二階の二間に私の家族六人が暮らしていた。そこに彼が加わった。

数日後、真夜中の三時に物音がした。起きてみると、彼が雪かきをしていた。病からか薬の副作用か、眠れないのだという。教会に来てからも、ろれつが回らず、体がふらつくと訴えていた。側溝に落ちたこともあった。教会は山間部にあり、季節は真冬である。この状態では一命にもかかわる。思いきって「薬をやめてみようか」と提案した。

彼はもともと几帳面《きちょうめん》で、手先も器用なことから、やがて普請現場で左官の手伝いをするようになった。私は、作業が一段落すると彼を伴って、にをいがけに歩いた。

そんな日々の中で、彼は薄紙をはぐように回復していった。三カ月ですっきりとご守護を頂き、元の職場に戻っていった。

「ようきふしん」「たすけふしん」「不思議ふしん」と教えていただく。普請は心のふしんを進める旬であり、たすかる旬。神殿普請を進める中に、彼を含めて、数々の不思議を見せていただいた。

そうして建ち上がった神殿で、十二年を経たいま、毎日の昼の掃除に彼の妻が伏せ込んでいる。自宅から教会まで車で二十分ほどだが、「毎日が楽しい」「教会に通うのが生きがい」と、笑顔を見せてくれる。

彼は職場復帰してから五年後、一回りほども年の違う若い奥さんをもらった。母親はその前に出直しており、父親と三人で暮らしていた。

教会に彼の妻からたびたび電話がかかるようになったのは、その父が出直した三年ほど前から。どうしようもなく心がふさぐという。電話だけでは済まず、私が出向いたり、妻が訪ねたりして、彼女の心の声に耳を傾けてきた。

そしてこの十月、「朝起きがつらいなら、昼のお掃除に来てみたら」と声を掛けてみた。理は鮮やかだった。足を運び、神殿を磨く中で、親神様は彼女の心の霧を吹き払ってくださったのだ。

それも、いまが〝たすかりの旬〟だからだと、最近の出来事を振り返って私は思う。

昨年(平成十三年)の暮れ、八木《やぎ》大教会は来年五月に迎える創立百十周年に向けて、よふぼくの実動目標を打ち出した。「一日十軒にをいがけ戸別訪問」「一日一回おさづけの取り次ぎ」「日参の励行」である。

そこで、朝づとめ後、上段に上がった五人が、教服を着たままで身上者におさづけを取り次ぐことにした。それ以来、勇んで一日が始まるようになった。

日参は、上級教会まで片道一時間かかるから難しい。そこで、朝づとめ前に十二下りを勤めることにした。詰所で教養掛をしていたとき、勇みに勇む韓国からの教会長資格検定講習会受講生たちが、朝づとめ前と夜の修練後に勤めていたのを思い出したからである。

十月初め、七十七歳のよふぼくが転倒し、二の腕を骨折した。一週間後に様子を見て手術をしようということになったが、場所が場所だけにギプスを巻くことができず、三角巾《さんかくきん》で腕をつり、コルセットで固定した。教会に預かって、毎日、朝夕のおつとめの後、おさづけを取り次いだ。

一週間後、レントゲンを撮ると、だいぶ付いてきていた。医師は、前回の写真と見比べながら「手術をせずに済みそうだ」と言った。翌週にはリハビリが始まった。喜びの中で彼女は、五十年前に行った修養科に、来年もう一度入らせてもらおうと心定めをした。

そして迎えた本部秋季大祭。ご発布いただいた『諭達第三号』は、「人をたすける心の涵養《かんよう》と実践」を促されるものだった。心が躍った。

翌二十七日、三十代の婦人とその母親が初席を運んだ。婦人は今年の夏に熱中症となって以来、体調がすぐれず、神経症（パニック障害）に悩んでいた。

別席を運んだ次の日から、母娘と妹が、教会の午後の神殿掃除にも来るようになった。掃除が終わった後は自然と、和やかな談じ合いが始まる。あの「教会に通うのが生きがい」と、ひと足早く神殿掃除を始めていた〝先輩〟は、自らの体験や夫がたすかった喜びを、問われるともなく母娘に話していた。

たすけてもらった喜びを人さまに伝えるのが、にをいがけの基本。「神殿に座ると、心が落ち着く」という婦人に、私はそう話した。「教会に参るようになって、体がすっきりしてきた」と喜ぶ姿に、間もなく夫も教会に参ってくれた。

十月二十九日朝、参拝を終えたよふぼくの車が次々と走りだすのを見送っていると、背後でドーンと音がした。振り返ると、八十七歳のよふぼくが倒れている。駆け寄って声を掛けても、返事がない。そばで、彼女を引っ掛けたドライバーが、おろおろしていた。

おさづけの取り次ぎが終わると、意識が戻り、やがて頭から血が流れ出した。直接はねられたのは手押し車で、八メートルも飛んでいた。彼女は、はずみで歩道に倒れ、頭を強打したが、出血したのがよかったのだろうか、一週間で退院というご守護を頂いた。

秋季大祭を挟《はさ》むように、立て続けに見せていただいた節。いまこそが〝たすけの旬〟であり〝たすかる旬〟だとの思いを強くしている。

生かされてあるかぎり

伊藤 秀子《いとう・ひでこ》
大義《おおよし》分教会前会長夫人〈東京都板橋《いたばし》区〉

「親神様から命を頂いて生かされている。命ある限り、おたすけ人として務めさせていただきたい」。私の高校時代の恩師であり、やがて信仰の導きの親となり伴侶《はんりょ》となった前会長は、そう言いました。そして、その通りに生かされて、出直しました。その主人の最後のおたすけについて、少しふれたいと思います。

及ぶべくもありませんが、私も、その仕込みを胸に歩ませていただいております。

◇

天《てん》地《ち》会《かい》の団参でしたから、平成八年四月、主人が出直す一年半前のことです。私どもの教会からも、部内教会を含め大勢の方がおぢば帰りしてくださいました。

その中に、信仰家庭で生まれ育った婦人と娘さんがおられました。ご主人は、実家が他の信仰をなさっており、息子さんと東京に残られました。

二十八日早朝、前夜遅くにその息子さんがバイクで事故に遭《あ》ったと聞きました。青信号で交差点に進入したところに乗用車が突っ込み、右脚の損傷がひどく、担ぎ込まれた病院の医師は「切断する」と言ったそうです。駆けつけた父親が「何としてもつないでくれ」と食い下がり、手術が行われました。医師は「神経が付かなかったら、今度は切断することになる」と言ったそうです。その日は、息子さんの二十四歳の誕生日でした。

夜も遅かったので私たちには知らせず、所属の教会の会長と親族らは深夜、かんろだいに参り、お願いづとめをしたと聞きました。

早朝、その知らせを聞いた上級教会の会長である私の夫は、一本気で勝ち気な婦人に「たんのうだよ。女はつなぎだよ。息子の足がつながるように、ご主人に何を言われても、申し訳ありませんと言ってつないでいくんだよ。腹を立てちゃだめだよ」と、くどいほど念を押して、東京へと送り出しました。そして私たちは、朝まだ暗い道を、神殿へと急ぎました。

帰京後、会長は三日のお願いをかけて、片道二時間の道のりを病院へと通いました。父親には冷ややかな態度で迎えられましたが、初対面に近い息子さんのもとへ、毎日ニコニコと。用意された椅子《いす》には座らず、ベッドの端にちょこんと腰掛けて、話をするのが常だったといいます。

婦人は、毎日続く夫の叱責《しっせき》の中、「つなぐんだよ」という会長の言葉を思い出し、喉《のど》まで出かかった言葉を飲み込んで、教会につないでおられました。

そんな皆の懸命の祈りの中で、不思議と神経がつながり、血が通い始めました。

七月十七日、おたすけに奔走しているさなか、会長は以前からの胸痛で病院へ。医師は「いままで生きてきたのが不思議だ。心臓の動脈二本が壊死《えし》し、一本は詰まりかけ、細い血管一本で心臓を栄養している」と。そして「手術は不可能、治療法もありません。大事に使えば大丈夫ですが、絶対安静です」と告げました。

「手術は不可能、治療法はない」――。そう宣告された日、会長は日記に「これからは、前真柱様お入り込みのときにご揮毫《きごう》いただいた〝一日生涯〟の心で生きよう」と記しました。そしてその言葉通りに、以前にも増して勇んで、精力的におたすけに歩き回りました。

告知から九日目の二十八日は、暑い夏の盛りでした。朝から二軒の講社を回って教会に戻ると、夕刻、再び青い顔をしておたすけに出ようとしました。娘と私は「無理しないで。せめて明日にして」と、泣きながら止めました。すると会長は「親神様が生かしてくださる間は、おたすけ人として生きたいんだ。彼がおさづけの取り次ぎを心待ちにしているんだよ」と言い、交通事故に遭った青年のもとへ向かいました。

そのころの日記に「今日は何ともなかった。人をたすけて我《わ》が身たすかる！　人さまに喜んでいただいた日は、私自身が元気。彼のおかげで、私がたすかっている」と記しています。

その後、青年は医師から「筋肉の回復は難しい。臀部《でんぶ》の肉を移植しよう」「骨が砕けているから、右脚が少し短くなる」と言われました。ところが、やせ衰えていた脚には肉が付き、短かった脚の骨が伸びるという、医者も驚くご守護を頂きました。

事故から半年、十月十九日の日記には「家族そろって、お礼参拝に来てくれた。本当に嬉《うれ》しい。息子さんの回復も嬉しいが、お父さんがずいぶん変わられた」と。次々と目の当たりにする不思議なご守護に、青年の父親は「事故の日から一年目までに、おさづけを戴《いただ》く」と心を定め、毎月おぢばに帰り、よふぼくになってくれました。

その後もご用に奔走していた会長は、平成九年十一月四日、大教会巡教の帰途、倒れました。六十歳でした。

私はその知らせを受けたとき、真っ先に親神様にお礼申し上げました。大きな身上を頂きながら、床に伏すことなく、最後までおたすけ人として出直せたことは、会長自身、本望だったと思います。

その数日前から会長は「私が死んだら」と、たびたび言っておりました。私は聞かないようにしておりましたが、突然、声を荒げて「物を大切にしなさい。理を立てなさい。おたすけをしなさい」と。いままでにない夫の態度に、私はただ「ハイ」と答えました。

教会は、会長の身上を機に会社を辞めた息子が継ぎました。あれから六年、未信仰だった私に、おたすけの喜びを教えてくれた主人に感謝し、毎日勇んで、おたすけに回っております。

過日、主人の姉が肺水腫《はいすいしゅ》で倒れ、病院に運ばれました。出直してもおかしくない状態から奇跡的なご守護を頂き、教祖百二十年祭への三年千日に一日一枚と定めて、おぢばの回廊ふき用のお布巾《ふきん》を縫い始めました。

予定より、はるかに早く縫い上がった一千枚のお布巾を、十一月二十六日、おぢばに届けさせていただこうと思っています。

主人は今も私の心の中で生き続けております。「生かされてあるかぎり」との言葉を胸に、百二十年祭に向かって……。

歩いて歩いて歩いて

暮田 繁子《くれた・しげこ》
三《み》津《つ》清《きよ》分教会長〈横浜市〉

平成八年十一月、義弟である布教所長が東京大森《おおもり》の日赤《にっせき》病院に入院しました。肝臓障害と糖尿病の合併症。「なんとしても、たすかっていただきたい」と、私は上級教会への日参を心定めしました。

教会から駅まで歩いて二十分ほど。一時間ほど電車に揺られ、上級教会の朝づとめに参拝。再び電車に乗って病院に回り、義弟のおたすけ。教会に戻ると昼すぎでした。

道中、さまざまな思いが去来しました。主人である前会長が出直したのは、六年前の平成二年一月六日、当教会の春季大祭の日です。五十六歳という若さでした。

その五年ほど前から、だるさや疲れやすさなどを訴えていましたが、忙しいからと、なかなか病院に行かず、受診したときには肝硬変、そして肝臓ガンに。平成元年秋、肝臓の一部を切除する手術も受けたのですが。

夫が出直した後、ご命を頂いて会長となったとき、「成っても成らいでも、にをいがけ・おたすけに出よう」と心に決めました。七人の子供のうち、一番下の娘はまだ中学生でしたが、神様に向かって素直に一生懸命に歩めば、きっと分かってくれると、そう思いました。

しかし、二年三年と通っても、なかなかご守護は頂けません。その中に、教会の役員やよふぼくの出直しも重なりました。

「つまずいたら、教祖のひながたを振り返ろう。その万分の一でも通らせてもらわねば申し訳がない。自分に厳しく通らせてもらわなくては、人だすけはできない」と、自分に言い聞かせていました。

そんな中に見せられた、義弟の入院でした。B型肝炎は、予防接種ができた現在では皆無に近いのですが、以前は母親から赤ちゃんへの感染が最も多かったそうです。夫も含めて兄弟姉妹七人のうち四人が、このときまでに肝臓障害で出直していました。

義弟をたすけていただくには、私自身を含めた家族の「いんねんの自覚」が第一だと思いました。そして、とにかく実行しなくてはと、義弟の妻、その一人娘らと談じ合いを重ねました。

「上級教会への運びと、病人のことは私に任せて。あなたは教会長資格検定講習会に行ってくれない?」と、義弟の妻に言いました。そして、近くに住む娘には、「布教所の神様のご用を頼みますよ」とお願いしました。

上級教会への日参は、最初の心定め通り、ちょうど三カ月で終わりました。義弟が退院させていただけたのです。

ところが、それから二カ月もたたない春四月、今度は、若いよふぼく夫婦が顔色を変えて教会にやって来ました。

夫人の父親が、一カ月ほど前から急性骨髄性白血病で入院していることは聞いていました。しかし、他宗教を信仰しておられることから病院を訪ねるのは遠慮し、教会でお願いをしておりました。白血病の治療では、免疫が低下します。小さな病院で院内感染が起き、大学病院に運ばれたというのです。

「お願いです、たすけてください。集まった親類は、お葬式の相談をしているんです」

腹をくくり、大学病院を訪ねました。

教えられた廊下を歩いていくと、看護師たちが車輪の付いた寝台を急ぎ足に押してくるのとすれ違いました。廊下に集まっている親類を見つけ、あいさつをし、おたすけをさせていただきたいと申し出ると、いまの寝台がそうだと教えてくれました。

急いで後を追いかけると、そこはICU（集中治療室）でした。一瞬だめかなという思いもよぎりましたが、思いきって「私は天理教の教会長です。親類でもあります。神様にお願いをさせてください」と言うと、「結構ですよ」と入れてくれました。

手を二、三回洗い、消毒し、帽子にマスク、白いガウンを着け、靴をスリッパに履き替えて室内に入りました。本人は固く目をつむったままです。呼吸は浅く、小さく、ピクリとも動きません。その姿を見たとき、「しまった！　遅かったか」と思いました。しかし、何とか親神様にたすけていただきたいと思い直して、急いでおさづけを取り次がせていただきました。

その日から、七日と仕切ってお願いづとめにかかりました。いつもは三日と仕切らせてもらうのに、なぜこのときに七日と思ったのかは、いまでもよく分かりません。翌日からは、朝づとめの後、あらためて名前と住所、病状、年齢を記した紙をお供えして、お願いづとめを勤め、十二下りのてをどりをしてから教会を出ました。

一日、二日、三日とたっても、やはり虫の息で、少しも動きません。「誠真実を尽くせば必ずたすけてくださる。このお道を信じきって通わせてもらおう」と、自分に言い聞かせて歩きました。

ＩＣＵに入るときは毎回、何度も手を洗い消毒しました。それでも看護師からは、「患者の肌に直接触れてはいけない」と言われていました。しかし、おさづけは肌に近くと教えられています。一生懸命のあまり、直《じか》に肌に取り次がせていただきました。

取り次ぎ終わって顔を上げると、医師と看護師七、八人が並んで見ていました。「お待たせしました」と申し上げると、「結構ですよ。時間があったので待たせていただきました」とのお答えでした。

七日が過ぎたころ、少しずつ体を動かすようになりました。願い継ぎをしてさらに七日後、入院からちょうど十四日たった日に、一般病棟に移ることになりました。「不思議だね」との医師の言葉に、あふれ出る涙をとどめることができませんでした。「神様はおられる」。そうあらためて実感しました。

それから一カ月後、無事に退院され、仕事にも復帰されました。いまでは毎月、教会の月次祭に参ってくださいます。

おたすけにかかりますと、できる限り歩かせていただくようにしています。駅まで、駅から病院やお宅まで。歩かせていただく中に、思いを込め、思案が深まります。

教祖百二十年祭に向けて、これからも、歩いて歩いて、歩かせていただきたいと思います。

誠より堅き長きものは無い

伊藤 宗則《いとう・むねのり》
幅下郷前《はばしたごうまえ》分教会長〈名古屋市〉

あれは、教祖百十年祭を勤めさせていただいた翌年、平成九年春のことだった。親里での青年会ひのきしん隊を終えて、私は分会の仲間たちと帰路に就いていた。途中で大教会に報告の電話を入れていた分会委員長が、私を呼んだ。「息子さんの具合が悪いらしい。急いで帰ったほうがいい」。二十人ほどが数台の車に分乗しており、私は他の二人と共に大教会へと急いだ。

玄関先に母が待っていた。顔面は蒼白《そうはく》で、「裸になって、神様によーくお礼を申し上げよ。とにかく命はある。お礼を！」と繰り返した。

その日は大教会の月次祭の日だった。十二下りが終わり、会長である父があいさつに立とうとしたとき、階下の中庭から、激しく泣き叫ぶ声が聞こえてきたのだという。おつとめ衣《ぎ》のまま駆け下りた私の兄が見たものは、二歳になる甥《おい》、つまり私の長男の変わり果てた姿だった。池から引き上げられたばかりで、既に息はなく、脈も止まり、口から舌が長く出ていたという。

長女を身ごもっていた私の家内は、半狂乱。何人かのご婦人さんが抱き止めてくださっていたと、後で聞いた。

そのとき、兄はとっさに「おさづけしかない！」と思ったという。懸命に取り次いだ。だが、徴《しるし》は見えない。押して二度、そして、三度目の取り次ぎが終わったその瞬間、「ゴボッ」と音を立てて、口から水が出た。

駆けつけた救急車に、家内と兄夫婦が乗り込んだ。二十分ほどかけて市民病院に着いたが、「手に負えない」と言う。再び救急車に乗せられ、三十分近くかけて次の病院に運ばれたと聞いた。

同じころ大教会では、会長である父が祭典講話で、粛々《しゅくしゅく》と、兄に会長職を譲る旨を発表していた。

私が病院に駆けつけたのは、処置が始まって二、三時間がたったころだった。土気色の顔で浅く息をする長男の体には、何本もの管が付けられていた。肺からは、泥水を吸い出すためのチューブが延びていた。その姿に、「俺《おれ》のせいや！」と思った。「ゴメンな」と、幾度も長男に詫《わ》びた。

祭典中、長男は、同い年の兄の末娘と遊んでいたものらしい。誤って池に落ち、姪《めい》は食堂で直会《なおらい》の準備をしている人にたすけを求めに行った。だが二歳児のこと、説明もできず、ただ「マサくんがいない」と泣くばかりで、わけが分からないご婦人さんは、姪に手を引かれて食堂と中庭との間を行き来したようだ。

水面に浮いていたら見えただろうが、紙オムツが水を吸い、沈んでいた。しばらくたって、見つかったのだった。

兄夫婦と家内から状況を聞いて、あらためて主治医を訪ねた。医師は「呼吸も心臓も微弱ながら、動いてはいる。しかし、呼吸停止が長かったので、脳がダメージを受けている恐れがある。脳圧が上がるようなら危ない。今夜がヤマだろう」と。そして「たとえ命がたすかっても、重い障害が残る可能性がある」とも言った。

病室に戻ると、兄が「おさづけは日に六回まで。あと三回取り次げる」と言った。「大教会に帰って、午後五時と深夜十二時、朝五時に夫婦で十二下りを勤めるから、時間を合わせて、おさづけを取り次がせていただきなさい」と言った。

約束の午後五時、おさづけを取り次がせていただいた。変化は見えなかった。居ても立ってもいられず片道三十分余りの大教会へ、二度、三度とお願いづとめに帰った。教会では午後五時、居合わせた方々も一緒に十二下りを勤めてくださったと聞いた。青年会の仲間も、それぞれの教会でお願いづとめを勤め、中には夜中におぢばまで走ってくださった人もいた。

そんな中で、思案を巡らした。親神様は長男の身上を通して、私に何を教えようとしてくださっているのか――。思い当たる節があった。

私が中学のとき、大教会長である父が無菌性髄膜炎で倒れた。四十度余りの高熱が続いていたのに、近医の往診を頼んだだけだった。やがて言葉が話せなくなり、手足がマヒした。その後、懸命にリハビリに努め、話ができ、おぼつかない足取りで歩けるまでに回復した。私は、そんな父を尊敬していた。大学在学中に運転免許を取り、修養科、教会長資格検定講習会を受講した後、青年会のご用以外は、父の〝手足〟として、おたすけや丹精のお供をしてきた。

その間に結婚し、長男が生まれた。そして妻は、長女を身ごもった。私はいつしか、「この先、私たち家族はどうなるのだろう。どう自立したらいいのだろうか」と、しきりにそんなことを考え、喜べない毎日を通っていた。

そんな矢先の〝大節〟だった。長男の姿を見るなり「お父ちゃんが悪かった。ゴメンな」と口をついた。何とも申し訳ない思いだった。

深夜十二時のおさづけ取り次ぎが終わったとき、瞼《まぶた》がかすかに、だが確かに動いた。

私の脳裏を、母親、兄夫婦から言われた言葉が巡り続けた。「喜ばせてもらおう！

とにかくいま、命をつないでいただいていることを、喜ばせてもらおうよ！」。不自由な体で汗だくになってご用にいそしむ父が、身をもって私に教えてくれたことは、教祖のお話を聞かせていただく者はどんな中でも喜びを見いだして生きる通り方ができるということだった。私たち夫婦の心に、この言葉、そして多くの教友の皆さんの真実は、とても力強く感じられた。

そして約束の午前五時、取り次ぎが終わるなり長男が「ポカリスエットが飲みたい」と言った。私たちの驚喜をよそに、息子はまたスヤスヤと眠っていた。

その後は医師や看護師が驚くばかりの回復ぶり。一週間で退院し、「信仰の力ってすごいですね」と言わしめた。

翌年、私は部内教会を預かることとなった。以来七年、さまざまな節に出合うたびに、あの日を思い出し、夫婦で談じ合った。あの日、本当の意味で、私たち夫婦の信仰は始まった。

その息子も今年、小学校五年生。鼓笛隊で元気に頑張っている。ありがたい。

命あればこそ

木村 善之《きむら・よしゆき》
瑞龍《ずいりゅう》分教会長〈大阪市〉

「急性アルコール中毒やねん。あかんかも分からへん」。姉から、そんな切迫した電話がかかってきたのは深夜だった。私は信者宅の講社祭から戻って、熟睡していた。

甥《おい》は一浪して念願の大学に入ったばかりだった。満開の桜の下での歓迎コンパで、はやりの一気飲みをしたらしい。鼻の骨が変形している彼は、以前から口呼吸しかできなかった。そのためもあって、かなり危険な状態だという。

急いで、十二下りのお願いづとめにかかった。

彼は小さいときから、喘息《ぜんそく》の持病があった。それだけに、可愛《かわい》かった。高校では柔道をし、体力はあると思っていた。「やっと希望する大学に入れたばかりなのに。なんでやろ、なんで」。そんな思いが次々と浮かび、気がつけば何下り目か分からず、何度もやり直した。

「親におすがりしよう。大教会でお願いしていただこう」。十二下りが終わるころ、そんな思いが浮かんできた。電話で青年さんを起こし、「会長様か奥様を」と頼んだ。あるだけのお金を持って、車を走らせた。一時間ほどかけて大教会に着くと、奥様と当番の先生方など七、八人が待っていてくださった。

既に、お願いづとめを勤めてくださったという。持っていったお供えをお渡しすると、奥様は「おぢばで会長が待っているから、すぐに行きなさい」と言われた。

国道24号をひた走ること小一時間。夜明け前の詰所に着くと、大教会長様が待っていてくださった。すぐに神殿に向かい、かんろだいの前にぬかずいた。

甥は、まだ別席運び中だった。こんな時間に、一信者のために……。ありがたくて、もったいなくて涙がこぼれた。

大阪の自教会に戻るころ、ようやく空が白み始めた。そのときになって、どこの病院なのか聞くのを忘れていたことに気づいた。姉の家に電話をしたが、誰《だれ》もいない。電話帳を繰り、大学近くの救急病院に次々と電話をかけた。

「おられますよ」との答えが返ってきたのは、五件目だった。電車で病院に向かった。病室に入ると、姉夫婦と姪《めい》がベッドの周りにいた。甥は、意識を取り戻していた。

前夜、私に電話をした後で、容体が安定したのだという。そのとき医師は「もう大丈夫でしょう。様子をみましょう」と病室を去っていった。ところが、しばらくして急に気になった姉が息子の顔を見ると、土気色に変わっていたという。「おかしい！」と、慌《あわ》てて医師を呼び、駆けつけた医師と看護師がまさに気管切開をしようとしたとき、再び自力で呼吸を始めたのだという。

聞けば、ちょうど本部神殿でお願いづとめをしているころだった。その後、意識も戻り、呼吸停止による脳への影響はないだろうとのことだった。私は喜びを込めて、おさづけを取り次いだ。

あれから八年。この春、桜には少し早い三月に、甥は結婚式を挙げた。喜びいっぱいの新郎新婦と姉夫婦の姿を眺《なが》めながら、私は「命あればこそ」との思いをかみしめた。

◇

五十歳になろうとする婦人に卵巣ガンが見つかったのは、五年前の秋。高熱が一カ月近く続いたため受診したところ、かなり進行したガンが判明したのだ。すぐに入院、手術となった。摘出された卵巣には茶色い細胞が取り巻き、こぶし大になっていた。腹膜からも直径三センチほどの乳白色の塊が摘出された。しかし、「肺の裏にまで転移していて、後はとても取り切れない。もって三カ月から半年」と医師。「覚悟しておいてください」と言われた。

婦人の母親は布教所長だった。弟三人は熱心に道につながっており、姉の状態を聞いて、それぞれに思いきったお供えをしてくれた。だが私は、「お供えは十分や。けれど本当にたすけていただきたかったら、人だすけをせないかん」と話した。

私が二十五歳になったとき、会長であった父はわずか一週間の入院を経て出直した。肝硬変だった。医師は「かなり前から、相当しんどかったはず」と言ったが、そんなそぶりも見せなかった。私は「父をたすけてくださった」と親類縁者、友人知人に声を掛けて回り、五人が別席を運んでくださった。その中には、父の出直し後もよふぼくとしてつながってくれている人もいる。

そんな経験が頭をかすめたからだ。婦人の家族も、会社の同僚や知人に声を掛けて歩いた。弟の上司が、「そんなことでたすかるんやったら、行かせてもらうわ」と別席を運んでくれた。

同じころ、婦人も「人たすけたら我《わ》が身たすかる」との、母親の口癖《くちぐせ》を思い起こしていた。抗ガン剤の副作用で頭髪は抜け落ち、どうしようもないだるさが襲う。そんな身で「私はまだ動ける。まだまだありがたい」と、ひのきしんを始めた。

入院患者の洗濯、買い物、入浴の世話から、院内のトイレ掃除まで、「人に喜んでもらえることが嬉《うれ》しくて」と。

その胸のうちには、幼いころに見た、ある光景が浮かんでいた。婦人の父親は、仕事の前に毎朝、近所の公園のトイレを黙々と掃除していた。「その気持ちが少し分かったような気がした」と。

しかし、婦人より軽症だと思われていた患者や、後から入院した人が次々と亡くなっていった。不安だった。

教会では、ガンと分かった日から毎日、お願いづとめを勤め、十二下りをした。多い日は昼、夜、夜半と三回勤めた。弟たちも、それぞれの家の神実様《かんざねさま》の前で、ひたすら姉の回復を祈った。

二回目の手術が行われたのは、最初の手術から半年になろうとする四月の末だった。広範囲に転移していたガン細胞が、一カ所に集まってきたというのだ。医師は「不思議や。でも、これなら切り取れる」とメスを握った。

最初の手術から、今年の秋で五年になる。私にはただ、いま生きていてくださることがありがたく、嬉しい。

「人をたすける心の涵養《かんよう》と実践」を教え示された教祖百二十年祭の旬。生かされて、生きている喜びを心にたたえて、おたすけに歩かせていただかねばと、あらためて思う。

三年千日の下地づくり

草薙 紀雄くさなぎ・のりお
羽後《うご》白郷《しらさと》分教会長〈秋田県仙北《せんぼく》市〉

三年前、夏の盛りに一人の女性が教会を訪ねてきた。知人に生活保護を受けさせたいという。民生委員と人権擁護《ようご》委員をしている私への相談だった。

事業に失敗したというその男性は、独り身で、住所不定・無職。六十歳を過ぎて、車で寝泊まりしていたが、体調が思わしくないという。会うと、かなり容体が悪かった。医療保護に切り替え、公立病院に入院させた。胃ガンであった。

二カ月ほどして、久しぶりに病室を訪ねると大変な状態になっていた。肌の色はどす黒く、手足も腹部もパンパンに腫《は》れ上がっていた。すぐに、おさづけを取り次いだ。

翌々日、上級教会の月次祭の帰途、様子を見にいくと、私の顔を見るなり「いやー、神様はすごいですね」と声を掛けてきた。見れば顔色はピンクで、表情もいい。「薬を飲んでも二十日余りむくんだままだったのが、見ての通りです」。あの日の夜、むくみもすっかり引いたのだという。

おさづけを取り次ぐと、おなかは柔らかく、肌の色もいい。聞けば、六人部屋にいた彼は周囲の患者たちに、「あの神様に拝んでもらったらいいよ」と、しきりに話していたという。

私は病室を出て、彼の担当医と会うことにした。

数日前、病院のケースワーカーから私に電話があったからだ。

本人には知らせていないが、胃ガンはすでに末期。亡くなった場合に遺体を引き取ってもらえないかと家族に連絡を取ったが、三十キロほど離れた実家にいる母親と妹は「親子の縁はとうに切っている。遺体は引き取れない」と、にべもなかったという。「誰《だれ》か身元引受人はいませんかね」と尋ねられ、私は天理教の教会長だと告げ、身元引受人になると、ケースワーカーには答えていた。

担当医は開口一番「そう長くはもちません」と言った。「ガンは全身に転移しており、もう手の施しようがない」と。

二日後、彼は病院で息を引き取った。あっけない、しかし安らかな出直しだった。再度実家に連絡を取ってはみたが、やはり引き取らないとの答えだった。ケースワーカーの勧めで、秋田大学の医学部に献体することになった。ひと通りのお別れをし、担当者との引き継ぎを終えると、すでに夜になっていた。

そのときになって思い出した。ちょうどこの日、この病院でCT検査を受けることになっていたのだ。以前から左眼の視力が落ちており、近くの眼科に受診。「洗顔のとき、瞼《まぶた》にひっかかりを感じる」と話すと、紹介されたのがこの病院であった。

翌日は、大教会と本部の秋季大祭に向けて秋田を発たねばならない。あらためて検査の申し込みをし、十月二十九日に撮ることになった。

おぢばから戻り、CT検査を受けた。結果は、眼窩《がんか》内腫瘍《しゅよう》。その病院では手術できないから紹介状を書くという。「しかるべき病院に」と言われたが、どうせならと「憩《いこい》の家」あてにしてもらった。

自教会に戻って、渡されたCT写真を封筒から取り出して見て、強いショックを受けた。そこには眼球の後ろに、眼球より大きな腫瘍が映っていた。病院では、病状についての詳しい説明もなく、その場では写真も見せてもらえなかった。それまで自分の症状を軽く考えていた私は、覚悟を決めた。

十一月二十四日に「憩の家」で受診し、二十六日の午後に再受診するように言われた。行くと、三人の医師が相談していた。やがて、こう言われた。「このままだと左眼は、一年以内にだめになるでしょう。しかし、手術をしたからといって良くなる保証もありません」。さらに「ここでは手術できません。紹介できるのは和歌山大学と京都大学。どちらにしますか」と聞かれた。

おぢばで、「だめ」と言われたショックは大きかった。だが、「でも」と思い直した。京都大学のすぐ近くには、かつてお世話になった親教会、河原町《かわらまち》大教会がある。一足飛びに親里ではなく、元を振り返って努めるなら、まだ見込みはあるということだろうか、と。

二十八日、京大で受診した。「よくまあ、これだけ大きくなったなあ」と驚かれた。眼科の範疇《はんちゅう》を超えているので、脳外科と共同で手術するという。ベッドが空き次第に連絡をくれることになった。

京都から秋田に戻る夜行列車の中で、いろいろと思いを巡らせた。もう、おさづけしかない。毎日欠かさず、誰かにおさづけを取り次がせてもらおう。そして毎日、私自身もおさづけを取り次いでもらおう――と。身上が分かってから毎日、妻に取り次いでもらってきたが、自教会のよふぼくたちにもお願いしようと思い立った。

自教会のよふぼくは、私の家族も含めて四十八人いた。地元秋田だけでなく、名古屋に二人、岐阜に二人、親里にも……。そのうち何人が取り次いでくれるだろうか。

まずは、教会から足が遠のいている人からと、一軒一軒訪ねては話をし、身上の人には私が取り次いでから、取り次いでもらった。

やがて、教会に取り次ぎに来てくれる人が出てきた。別席運び中で止まっていた若者が、事情を知って自分も取り次ぎたいと、会社を休んでおぢばに帰り、よふぼくとなった。拝戴《はいたい》直後に西礼拝場で取り次いでくれたときには、涙がこぼれた。彼で四十四人目だった。

手術は二月二十四日。家族だけでなく、京都に住む私の姉と弟と妹、甥《おい》や姪《めい》、友人たちが毎日、おさづけの取り次ぎに通ってくれた。

「腫瘍が血管にできていたら楽」と医師は言った。だが、開けてみると神経腫だった。眼窩に伸びる神経は六本で、そのうちの一本を切除した。

術後の経過は順調だった。だが、左眼が開かない。指で開いてみて、あまりのまぶしさに驚いた。切除したのは、瞼と瞳孔《どうこう》を開閉する神経だった。このまま一生だめなのかと、そう思った。

一週間後の朝、洗顔をしていると、それまで感覚が無かった瞼がピクピク動いた。それから日に日に、ほんのわずかずつではあるが、瞼に力が入るようになった。

三月十四日退院。薄目を開けていられるくらいにまでご守護を頂いて。それから一年かかって、手術前の八分ほど開くようになった。完全に開くようになったのではなく、いまも開くのは八分。そこに深い親心を感じている。

教祖百二十年祭に向かう三年千日、その三年前に頂いた身上は、いまの旬のための下地づくりの節だったのだと、いま思える。ならばいま、全力で前進させてもらうしかない。

生きてある喜びを

小西 妙子（こにし・たえこ）
京黄《けいこう》分教会長夫人〈大阪府堺《さかい》市〉

平成十三年十月二十七日の夜遅く、教会の電話が鳴りました。十九歳の青年が、救急車で運ばれたというのです。

医師の診断は、「くも膜下出血の疑い。早急に精密検査を」とのこと。私は神殿に走って親神様・教祖に祈念し、会長と長男に相談しました。

入院先は静岡の病院でした。「いまから走ろう」と言ってくれた長男の運転で、大阪府堺市の教会から、まず親里へ。親神様・教祖にお願いし、名阪《めいはん》国道、東名《とうめい》高速を走りました。

夜の明けるのを待って、途中で上級教会に電話をしました。会長様は「こちらでもお願いづとめさせてもらうから」と、そう言ってくださいました。

着くと、青年はＩＣＵ（集中治療室）にいました。意識はなく、裸におむつを当てられ、痛みのため無意識に動くので、手足を縛《しば》られていました。「私は天理教の者です。おさづけを取り次がせてください」と願い出ました。

出血は小脳の上で、脳が腫《は》れ上がっており、手がつけられない状態とのこと。診断は「このまま脳圧が上がり続けるようなら頭を切開する必要もある」とのことでした。幸い、病院の近くに同じ系統の教会があり、そこに泊めていただいて、毎日おさづけの取り次ぎに通いました。

三日目、医師が「不思議なんだよね」と言いました。「だんだん腫れがひいてきている」と。その翌日、個室に移ることができました。

やがて、容体は落ち着きましたが、医師は「大変難しい場所に血管のもつれがあり、手術できないことはないがリスクが大きい」と。「いろいろな治療法があるから、関西に戻って受けたらどうか」と言い、「私の知っている所で、関西方面で設備の整っている病院は、大阪の大学病院か奈良の天理よろづ相談所病院。そこなら紹介状を書く」と言われました。願ってもない喜びに、十一月七日に退院し、十日には「憩《いこい》の家」に入院することになりました。

「憩の家」での診断は、脳動静脈奇形。脳の動脈と静脈の一部が毛細血管を介さずに直接つながっているため、血管が薄く、破れやすくなっているというのです。「一度出血したら、必ず再出血する。そうなれば、脳幹に近い場所にあるから、呼吸が止まることもある」と医師。手術中に出血することも多く、安全を考え、血管にカテーテルを通して瞬間接着剤で処置することになりました。

手術は十五日。私は前日に教会から徒歩でおぢばに帰り、無事をお願いしました。手術の予定は二時間でしたが、二時間四十分ほどが過ぎたころ、医師が険しい顔で出てきました。「手術中に再出血しました」と。運ばれてきた青年は、吐《は》く息ばかり。局所麻酔だったので、最初のときと同じように激痛を自覚したようです。

「先生たすけてや。俺《おれ》、まだ死にたないねん」。青年のそんな叫びを背に、私は神殿に走りました。無我夢中で財布ごと賽銭箱《さいせんばこ》に入れ、「まだ別席も運んでおりません。せめて、よふぼくにまで育てさせてください」と祈りました。

神殿から戻ってくると、親類が玄関に立っていました。「いま心臓が止まった。胸に電気ショックを当てている」とのことです。医師や看護師の懸命の努力と祈りの中で、青年は一命を取り留めましたが、主治医は「今晩、もってくれたら」と言います。私は「今夜がヤマということですか?」と尋ねました。

やがて会長と家族も駆けつけてきました。普段は「おつとめをしよう」と声を掛けても気のすすまない顔をする子供たちも、一緒にかんろだいの前で畳に額をすりつけて、お願いづとめを勤めました。

「どうぞ、よふぼくに育てさせてください。教祖の道具衆としてお使いいただけますように」。教祖殿にぬかずき、懇願しました。

その夜から教会では、お願いづとめに加えて、十二下りのてをどりを勤めさせていただくようになりました。

青年はＩＣＵで昏睡《こんすい》状態。回復のために、薬で眠らせてあるとのこと。アルミホイルのようなもので体を巻かれ、痛々しい姿でした。

一緒に行くという八十一歳の義母と私は、地道を車で走っておぢばに向かうのが日課となりました。道中でおにぎりを食べ、沿道の集落をにをいがけに歩きました。そして神殿に参拝して「憩の家」に。

そんなころ、支部で陽気ぐらし講座がありました。お話の最後に講師の先生が、ご自身と息子さんの話をされました。息子さんは転落して脳挫傷《のうざしょう》を負い、「たすかっても植物状態」と言われたのに三カ月目に退院し、いまは結婚して子供も与わり、教会長としてつとめていると。

聞かせていただくうちに、「これは教祖が聞かせてくださっているのだ。あの青年もきっとたすけていただける」と、そう思えて涙が出てきました。

それでも、青年の病状はさほど変わりませんでした。医師の話では「脳に管を入れているが、感染の恐れがあるので二週間が限度。しかし、腫れたままなので手術することができない」とのことでした。

二十六日の夜、大教会長様が「憩の家」に来てくださり、おさづけを取り次いでくださいました。すると意識のないはずの青年が手を上げ、何か言ったのです。会長様が「何て言ったんだ？」と聞くと、もう一度。居合わせた看護師長が「ありがとうございますって言ったの？」と問い掛けると、うんと頭を動かしました。

翌日、腫れがひいて手術となりました。難しい手術でしたが、奇跡的にうまくいきました。一週間後には個室に移りました。そして春先には、車椅子《いす》で参拝に行けるまでに回復。青年の手に布巾《ふきん》を持たせ、回廊の壁をふきながら、一緒に教祖のもとへ伺いました。

二度、ない命をたすけていただいた、その喜びをかみしめています。その陰には、大勢の方々の心寄せ、誠真実があったのです。

最初に倒れた翌日から、上級教会だけでなく大教会でも、会長様が在籍の方々に

「おーい、お願いづとめさせてもらおうか」と声を掛けて、毎日のようにお願いしてくださったそうです。そして支部の方々も。本当に多くの方々の祈りの中に、親神様・教祖のお働きを頂戴《ちょうだい》できたのです。

たすけの旬、たすかる旬と示されるいま、〝生きてある喜び〟を胸に、それこそ懸命にご用に励ませていただこうと思っています。

身上事情は道の花

石井　繁（いしい・しげる）
水戸《みと》上市《うわいち》分教会長〈茨城県笠間《かさま》市〉

平成十四年一月十八日、私たちの教会の春季大祭の日、一人のよふぼくが手探りで参拝に来た。その方は、眼瞼痙攣《がんけんけいれん》という病にかかり、二年ほど前から治療を続けていた。

眼瞼痙攣とは、眼の周囲にあって瞼《まぶた》の開閉にかかわっている眼瞼筋という筋肉に起こる病気で、そこに自分の意思とは関係なく力が入り、瞼を閉じてしまう。初期はまぶしさを感じたり、眼がパチパチする程度だが、やがて閉じる力が続くようになって眼を開けていられなくなる。原因は分からず、根治療法はない。

近年は、症状を緩和するボツリヌス毒素療法が行われているという。食中毒で知られるボツリヌス菌の毒素を精製した薬を、眼の周りの筋肉に直接注射すると、三～四カ月間は筋肉を弛緩《しかん》させてくれるのだ。

その方も昨年の秋、大学病院でこの治療を受けた。両眼の周りに十数本、痛い注射に耐えたが、効かなかった。薬の量を増やして再度試みたが、だめ。そればかりか、副作用が強く出た。しかし、眼が開かなくては家事もできない。

三回目の治療の日、担当医の都合で休診になった。思いあぐねていた本人は「これは親神様の思召《おぼしめし》ではないか」と思ったという。「信仰よりほかに道はないから」と、家族を説得して車に乗せてもらい、横浜から三時間ほどかけて教会の春季大祭に参拝に来たのだった。

その日はちょうど、大教会の前会長奥様がご巡教くださっていた。祭典の後、お願いして、ひと言のお話と、おさづけを取り次いでいただいた。

それから三十分。直会《なおらい》の最中に、「あっ」と声が上がった。「メリメリと音がして、眼が開いた」と、声を上げて泣き伏す本人を囲み、私たちも感激の涙にくれた。

「神様は、おられる」。居合わせた誰《だれ》もが、あらためてそう確信した。

ところが、それから四日目に再び瞼が閉じた。私は「これでいいのかもしれない」と思った。形のうえでご守護を頂いても、その身上に込められた親神様の思召が悟れなければ、身上を頂いた意味はないと思えた。「これからが、本当のおたすけだ」と、身の引き締まる思いがした。

身上・事情は「心の向きを変えよ」との親神様からのメッセージ。では、どう変えたらいいのだろうか。妻と共に何度も横浜に足を運び、談じ合いをさせてもらった。

その間、おさづけの取り次ぎはもちろん、午前零時の十二下りのお願いづとめ、おたすけ人としての心定めと、真剣につとめさせていただいた。しかし、ご守護は見えてこない。

さらに夫婦で、真剣にねりあいを重ねた。妻は、「会長さんの話は解説、説明に聞こえる。感動が感じられない」と言う。胸にこたえた。そうだ、まず私から心の向きを変えるべきなのだ。人に説く前に己《おのれ》はどうか。「我《わ》が事」と受け止めるのがおたすけの基本。それを忘れていては、思案も何もない。そう思った。親神様・教祖にお詫《わ》びし、お誓いとお願いを重ねた。

その方は信仰二代目。母親は、懇願するようにして十九歳の彼女を修養科に入れると、翌年に出直した。あれから四十年余、本人は「嫁ぎ先に隠れるようにして守ってきた信仰そのものが問われているように思えた」という。

本人も私たちも「まず、教会長資格検定講習会に」と思った。そこで「夫婦の心が一つになることが陽気ぐらしの基本。ご主人や姑《しゅうとめ》さんに理解してもらえるような理づくりから始めよう」と話し合った。

「その日」は思いがけず早くやって来た。家族が賛成どころか後押しをしてくれ、三月末からの受講が実現した。

四十年ぶりのおぢば帰りだった。しかも、目の不自由な身での受講は大変だった。本人は母親の写真をハッピの胸に入れ、一生懸命につとめた。幸い、同期の方々の心のこもった世話取りを頂き、無事に通らせてもらうことができた。その十九日間、私たち夫婦も、共に受講しているとの思いで通らせていただいた。

そんな中、不思議なことに、大事な時、必要な時だけ瞼が開くというご守護を見せていただいた。修了の翌日には、ご主人と姑さんが初めておぢばに帰ったが、友人と共に天理駅に迎えに出たときも、瞼は開いていた。

本人は「一緒に参拝することができ、夢のようだ。いや、これは夢だと思った」と。神殿でも教祖の前でも、涙がぼろぼろ落ちたと聞いた。

五月十八日、月次祭後の感話で本人がこう話した。

「講習で学ぶうちに、この身上がいま、私の代でよかったと、節を大きく喜べる気持ちになりました。おかげさまで、眼は必要な時に必要な働きをしてくれています。会長様は『稿本天理教教祖伝逸話篇』の一四七「本当のたすかり」を読むようにと教えてくださいました。正直言って、つらいなと思う日もありますが、すっきりたすけていただくより、少しくらい残していただいたほうがご守護を忘れなくて、本当のたすかりだと思わせていただいています」

私たち夫婦が神様の思いに近づかせていただけたのは、実は二女の身上のおかげである。六年前に膠原病《こうげんびょう》を頂き、厳しい中を通らせていただいた。

最初は「道を通らせていただいていて、なぜ」との思いもあった。しかし「これは私たち家族を陽気ぐらしに導いてくださる『手引き』であり、親心なのだ」と思わせてもらえたとき、家族で真剣に談じ合いを重ねるようになった。

結論は一つ心になること。家族そろって神様のほうを向いて、しっかり歩むことだった。

人さまに神様のお話を取り次ぐことは大切である。しかしその前に、まずは自らの姿勢を正し、誠の心を高める努力を怠らないようにしようと、常に家族で確かめ合っている。

「多謝《ありがとう》！父母神《おやがみさま》」

北村 美津子《きたむら・みつこ》
南香港教会長《みなみほんこんきょうかいちょう》〈香港〉

一年半ほど前、五十代の婦人が胆嚢《たんのう》の摘出手術をすることになりました。その方は以前から糖尿病を患い、五年ほど前からは腎臓《じんぞう》が傷《いた》んで腹膜透析を行っておられます。

腹膜透析は、内臓を包んでいる腹膜を腎臓の代わりにするものです。おなかに取り付けたチューブから腹腔《ふっくう》内に透析液を入れると、この液に体内の老廃物や余分な水分が入り、それを取り出す。これを日に四回します。

出し入れは自分自身の手でします。まず、チューブやチューブの取り付け口周辺を消毒し、腹腔内の透析液を排出。続いて、スタンドに吊《つ》ったバッグからチューブを通

して腹腔内に透析液を入れるのです。

その方は大変な頑張り屋で、当教会が布教所だったころから毎週土曜日に行っている鳴物・おてふりの稽古《けいこ》には、欠かさず来られます。その日は、練習の合間に教会で液の交換をするのです。

そんな真実を神様が受け取ってくださってか、何度か炎症なども起こしましたが、いつも大難は小難に、ご守護を頂いていました。

胆嚢も特に自覚症状があったわけではありません。定期検診で見つかったのです。摘出してみるとボロボロの状態で、「よくこれで何の症状も出なかったものだ」と、医師が驚いていました。しかも、手術の翌日から、もう立って歩いていました。

彼女の部屋は八人部屋でした。隣のベッドに、真っ白な顔で、目に力のない老婦人がおられました。一目見て、「そう長くないのでは」と思えました。そこで彼女に紹介してもらい、おさづけを取り次がせてもらいました。

そのうえで、彼女に「あなたもよふぼく。おさづけは日に六回まで取り次がせてもらえるから、私が一回、あとはあなたが取り次いでね」と頼みました。「日に四回、透析液の交換をするでしょう。病院でも無事にできるように、心を込めて、この方におさづけを取り次いでくださいね」と。

彼女と私とで日に六回のお取り次ぎ。理は鮮やかでした。最初は命もないかと思えた老婦人が、一週間後には退院することができました。その後も、彼女と私が交代で自宅に通い、おさづけを取り次がせていただいています。

彼女はこの老婦人だけでなく、病院で知り合った人に次々とおさづけの理を取り次いでくれました。そして、退院した後も、家まで取り次ぎに訪問し、そんな中から、教会に参る方も出てきました。そんな姿を見るたびに、おさづけの理はありがたいなあと、しみじみ思う私です。

夫の仕事の都合で香港に来て三十七年になります。渡って十五年目に大きな事情を見せてもらい、信仰から遠ざかっていた自分に気づいて、修養科に入りました。

そこで身に染みたのは、おさづけの大切さです。香港に戻ってから、ひたすら「取り次がせてもらえる機会をお与えください」とお願いしたものでした。

その後、布教所を開設し、二年前の平成十四年末には教会名称の理をお許しいただきました。それもこれも、おさづけのお取り次ぎからです。親神様・教祖は、ここ香港でもお働きくださっています。

腹膜透析を続けている婦人が入院したとき、同じ部屋に六十代の方がおられました。その方は、もう十年余り血液透析を続けておられるとのことでした。

ところが、透析が長くなるにつれて、透析の際に血液を出し入れするシャントに次々と不具合が起きて、最初は左腕、次に脚、そして首筋と場所を変えたそうです。今回も炎症が起き、新しいシャントをつくろうとしたら、つくれる場所がないのだそうです。

その方は高熱と激痛で四日間うめき通し、眠れず、食べられない状態が続いていると聞きました。そこで、おさづけについて話すと「何か分からないけれど、いいよ」と言われるのです。そこで、「この痛みを取っていただけますように」とお願いして、その日は帰りました。

翌日に伺うと、私が帰った三十分後に、いきなり便意が来て、長い間苦しんでいた便秘が治ったのだそうです。そして、あの激しい痛みも。

ところが彼女は、「私はもうだめなんだ」と言われます。「医者が、透析できる場所がないと言うから」と。そこで、「あなたも一緒に、どうか透析できる場所を見つけてもらえるように、父母神《フーモーサン》（＝広東語《カントン》で親神様）にお願いしましょう」と申しました。

すると間もなく、以前シャントがあった右腕で試してみようと、医師が言ったのです。ところが手術後、右腕がパンパンに腫《は》れ、指も曲がらない状態になりました。しばらくして別の新しい場所が見つかりましたが、高熱と痛みが続いて夜も眠れないありさまに、彼女は「こんなに痛いなら、死んだほうがましだ」と叫びました。

私は、「お医者さまがだめだって言っていたのに、父母神にお願いしたら透析できる場所を見つけてくださったでしょ。それをまず喜んでください。そのことを、まずお礼申し上げましょう」と申しました。すると彼女は「多謝《トージェー》！（＝同ありがとう）

父母神」と手を合わせてくださったのです。そのうえで、このまま透析が続けられますようにと、彼女と共にお願いしました。

毎日おさづけの取り次ぎに通うこと三日、腫れは引き、熱も下がりました。ところが、長年の透析のためか、末梢《まっしょう》血管の血液の流れが悪いのです。指先が紫色になり、爪が浮き、爪の間から出血していました。

医師は「これ以上ひどくなるようなら、透析できなくなる」と言いました。思案の果て、おさづけを取り次いだ後に、「今度は指先ですね」と、御供《ごく》の包み紙を開いて指先に巻きつけ、バンソウコウで止めました。

翌日は所用で行けず、翌々日に病院に行くと、指先のバンソウコウの下に御供の包み紙の切れ端が残っていました。看護師が不潔だから取ろうと言うのを、彼女は頑として聞かなかったということでした。

見ると、バンソウコウの下の指先は赤みを帯び、私の指よりもよほどきれいになっているのです。心なしか顔色までよくなっていました。

こうして、口下手な私が人さまに親神様のお話を取り次がせていただけるのは、親神様のお働きがあってこそ。今回もまた「多謝！　父母神」と、心の中で手を合わせました。

年祭──段々の成人

苗代 昌紘 なわしろ・まさひろ
豊生《ほうしょう》分教会長〈大阪府箕面《みのお》市〉

平成十五年八月末のことだった。ある朝、夫婦で日参を続けている役員さんが、おつとめ前に「会長さん。私、神殿によう上がりません。下から参拝させてもらいますわ」と言われる。「どうしたんですか」と問うと、「目が見えんようになりましてな」との答え。驚いて迎えに下りた。

糖尿病もあって、以前から少し見えにくかったが、日常生活には不自由はなかった。なのに、階段が見えなくなったとは……。

朝づとめを終えると、神饌物《しんせんもの》を替え、あらためてお願いづとめを勧めた。次いで、皆が添い願いをする中で、おさづけを取り次がせていただいた。

聞けば、眼底出血を起こしたのだという。診断は「いまの状態では手術できない」というもの。医師は「出血がとれれば、もしかしたら手術ができるようになるかもしれない。でも、このままではね」と、手をこまぬいているとか。

その日から「どうぞ、出血をとっていただけますように」と、三日三夜のお願いにかかった。願い継ぎを重ねて二十一日間、私が留守の日は家内が、家内も留守の日は教会の他の者が代わって、お願いづとめを勤め、おさづけを取り次いだ。だが、徴《しるし》は見えない。

二十一日目が終わった九月の半ば、とうとう「会長さん。もう、おさづけは結構ですわ」と言われた。神饌を替えて、おつとめを勤めてと、小一時間ほどかかる。「毎日毎日、皆にこんなに迷惑かけてしもて」と、気を遣われてのことでもあった。

「こちらの真実が届かず、申し訳ないことです」と親神様・教祖にお詫《わ》びし、その方に済まないと思いつつも、その一方で「それなら、おかせてもらおうか」との思いもよぎった。
「だが」と思い直した。「いまは教祖百二十年祭に向かう三年千日活動踏み出しの年。『人をたすける心の涵養《かんよう》と実践』と示される中で、たすけ一条の取り次ぎ場所である教会を預かる身が、こんなことでは申し訳ない」と。

思えば、教祖八十年祭、九十年祭、百年祭、百十年祭と、私は年祭の旬ごとに大きな節を見せていただき、年祭の度ごとに段々と成人させていただいてきた。その最中には、とてもそうは思えなかったけれど、五度目の年祭を迎えさせていただこうといういまになって、そう思える。これも、初代から代々が伏せ込んでくださったおかげと思う。

八十年祭前には、通っていた学校を辞めることとなった。後に、時間をかけて大学入学資格検定を受けることとなったが、人生の最初の転機だった。

九十年祭前には、母が大きな身上を頂き、手術を受けた。手術時間の予定を超え、七時間に及んだ。私の血も輸血していただいたが、手術室を出入りする看護師たちの表情は厳しく、首を振りながら詰室で話し合っていた。

運び出された母の顔は土気色だった。「だめだったか」と思ったが、麻酔から醒《さ》めて末っ子の私の顔を見るなり「昌紘ちゃん、神さんのご用やってや」と。当時、私は東京と大阪の教会とを行き来し、大学に、仕事にと揺れていた。「道一条に通らせていただこう」と、心が定まった。

「白紙に戻り一より始める」と示された百年祭の旬には、実に厳しい節を見せていただいた。里の教会が火事となり、両親と姉が出直した。その数日前、私の末の娘が肺炎となり、おさづけの取り次ぎに来てくれた母は、「この子は大丈夫やで」と言ってくれた。それが遺言となった。

百年祭を勤め終えた旬に、いまの教会を預かることとなった。ところが百十年祭を目前にして、阪神《はんしん》・淡路《あわじ》大震災が起きた。築百年を超えていた教会の神殿は大きく傾いて、隣家に倒れかかった。年祭を勤め終えて後、神殿普請に取り掛かった。

その神殿普請を含めて、旬々に大きな節を見せていただき、同時に大きなご守護も見せていただいて、一段一段、成人させていただいた……。還暦を迎えるいまになって、確かにそうだったと思える。

目が見えなくなった役員さんも、思えば、ずっと教会を支え、尽くしてくださった古くからのよふぼくの一人だった。教会の普請でも、ずいぶんと伏せ込んでくださった。「人をたすける心の涵養と実践」と『諭達』に示してくださった〝たすけの旬・たすかる旬〟。この旬に、証《あかし》を見せていただかねば申し訳がないと思った。

七度の願い継ぎを重ねて後は、三日三夜のお願いを、次の三日間は談じ合いをさせていただいた。朝づとめ後、当のご夫婦と私たち夫婦とで、旬のつとめ方、心づくりについて、ねりあいを重ねた。

「一人でも多くの人に道を伝えさせていただこう」「あなたが無理でも、家族がにをいがけできるように、丹精させてもらおう」――と。

そして、また三日三夜。お願いづとめでは、親神様の前から教祖の前に、教祖の前から祖霊《みたま》様の前に進むとき、目を閉じて歩いた。「この方は闇《やみ》の中で生活されている。

申し訳ない」との思いが、自然とそうさせた。

ある日、教祖の御前《おんまえ》で目を開けたとき、はっとした。「年祭は、これと同じではないか」と。年祭活動の声を聞き、目の前に目標を示していただいて我《われ》に返り、うかうかと過ごした七年を振り返りつつ、前へ前へと進むのだと。

三日三夜のお願いを三度重ねた十五日後は、当教会の秋の大祭の日だった。その日、嬉《うれ》しい知らせを聞いた。

「手術ができるようになりました！　先生が、すぐに来いと言わはるんです」

入院の日の朝も、いつものようにお願いづとめを勤め、おさづけを取り次いで送り出した。手術当日は、里の教会の秋季大祭の前日。手術の始まる時間に合わせて、一人でお願いづとめを勤めた。

結果、片方だけではあったけれど、神様は視力を戻してくださった。翌月二日は、里の教会の創立百周年記念祭。大きな喜びのうちに、勤めさせていただいた。

教祖百二十年祭活動も仕上げの平成十七年四月、家内が胆嚢《たんのう》ガンの疑いありと診断された。夫婦心をそろえてつとめさせていただくと心定めし、一週間、おさづけを取り次いだ。迎えた再検査では、何も見つからなかった。ただただ合掌。

さあ報恩の道へ

長江　渡　ながえ・わたる
本心《ほんしん》分教会長〈名古屋市〉

「人間という身の内というは、神のかしもの・かりもの、心一つが我《わ》がの理」これまでに何百回と聞かせていただいた「おかきさげ」のお言葉であるが、このお言葉の意味をいま、あらためてかみしめている。

今年（平成十六年）五月十五日、上級・本愛《ほんあい》大教会は創立九十周年を迎えた。この記念祭を迎えるにあたり、大教会では「教祖百二十年祭と創立九十周年は同一線上にある」と位置づけ、「世界たすけの人材を育成しよう」との方針のもと、にをいがけ・おたすけの実践、おぢば帰りの推進、若者の丹精が徹底された。

そして、昨年の春の大祭からは、祭典終了直後に大教会長様はじめ諸先生方が、おたすけを願う身上者に、おさづけの理を取り次いでくださっている。

これを受けて私どもの教会でも談じ合い、「いつでもどこでも、おさづけの取り次ぎに真実を込めよう」と申し合わせ、その徹底を図ってきた。

そんな中、五月ごろから教会のよふぼくの中に、脳梗塞《のうこうそく》が四人、脳血栓《のうけっせん》が一人、左膝《ひざ》あたりに血栓ができて足切断との診断を下された人などなど、次々と身上をお見せいただいた。そして、そのいずれもが、真実込めたおさづけの取り次ぎによって、鮮やかなご守護を頂戴《ちょうだい》した。

さらに九月には、部内教会長が脳血栓のお手入れを頂き、「たとえ命があっても植物状態」との厳しい診断。この人も、毎日夕づとめ後に皆で十二下りのてをどりを勤め、おさづけの取り次ぎに心を込める中に、奇跡的な回復を見せていただいた。

もったいなくも、次々と不思議を見せていただき、おさづけの取り次ぎへの意識が高まる中、一カ月後の当教会の秋季大祭には大教会長様がご巡教くださり、これを契機として当教会でも、祭典後のおさづけの取り次ぎが始まった。

年祭の旬は、〃たすけの旬・たすかる旬〃。祭典後のおさづけの取り次ぎは、部内教会にも広がり、確かな手応え、旬のうねりのようなものさえ感じるようになった。

そんな今年二月、部内教会の会長後継者が、夫人のおたすけを請うてきた。

この夫婦は結婚以来、「にをいがけ一日百軒」と心定めをして、仲良く歩いていた。そんな中に子供を授かり、出産予定は六月。だが、喜んだのもつかの間、二月初めに妊娠中毒症との診断を受けたのだ。

すぐにおたすけに出向き、夫婦に「自分たちがこれまで親に心配を掛けてきたことをお詫《わ》びし、これからしっかりと親孝行の道を歩むことが大切だよ」と話した。

さらに夫人には「お母さんに、あなたが生まれてから今日まで、どんな思いを掛けてくれたか聞いてごらん。そして、これから安心してもらえるよう通りますと話をしなさい。そうすれば必ず身上はご守護いただける」と話した。

早速、実家に電話をした夫人は、「体が弱く、兄弟の中で私が一番心配だったたって」

と、育てのうえでの苦労を聞き、母にあらためてお礼とお詫びをしたのだった。一方の夫は、早朝から当教会に参り、神殿掃除と朝づとめを勤めるようになった。そんな中で、夫人の血圧は正常に戻り、尿にタンパクが出ることもなくなった。

ところが翌三月の十五日、症状は再び悪化した。血圧が一四〇台、尿にタンパクも下りて、即時入院の診断が下った。

教会では皆で十二下りを勤め、病院に足を運んでは若夫婦と談じ合った。私は「この旬に、このような姿を見せてくださる親神様の思召《おぼしめし》はどこにあるのか、理の思案をさせてもらおう」「人たすけたら我《わ》が身たすかる。たすけていただきたいと願う前に、たすけさせていただきたいと願い、まず実行を」と話した。

その月の末、夫は教会の朝席で、こう話した。

「身上を通して親の心というものを勉強させていただきました。二週間後の検診で数値も下がり、鮮やかなご守護をお見せいただきましたが、ますます勇んで通らねばならないところを、つい安心してしまい、普段と変わりのない日々に戻ってしまっていました」「いまは〝たすけの旬・たすかる旬〟と聞かせていただきます。親に喜んでいただけるよう、遅ればせながら、いまから『人をたすける心の涵養《かんよう》と実践』に、しっかり励ませていただきます」と。

彼らの教会は、当教会から自転車で七分ほどの距離にある。その日以来、夫は朝五時三十分の当教会の神殿掃除を欠かすことなく、遅れることなくつとめ、教会のご用に、にをいがけ・おたすけに、休む間もなく動き始めた。

だが羊水が濁り、胎児も八六〇グラムから大きくならないとのことで、四月七日、集中治療室へ転棟となった。

妊娠中毒症は重篤になると、母子ともに無事ではすまない。また、子供が成長できないままということもある。それまでにも増して、懸命のおたすけが重ねられた。

初めての子と妻の命。だが「必ずたすけていただける」と、夫はいずむことなく勇みに勇んで、おたすけに奔走した。

四月十五日、このまま出産することになった場合に胎児が自力で呼吸できるよう、肺機能を活性化する薬を注射することになった。十二時間おきに四回。

一方の母体は血圧が二二〇、尿酸値一〇と腎《じん》機能が低下し、いつ脳血管が破れてもおかしくない状態となった。

十九日、胎児の心拍が弱まった。肺機能が整うまではと待っていたが、ついに出産を早めることとなり、陣痛促進剤を投与。帝王切開となった。

二十日、男児出生。八カ月未満の早産で、一二六四グラム。だが、元気だった。

五月一日、母親が退院。

十五日の大教会創立九十周年記念祭を勤め終えて六月一日、男児は二二〇〇グラムで退院。親子三人で参拝に来た。そこには、子供の成長とともに、日一日と親に育つ若夫婦の、たくましさを増した笑顔があった。

親思う子の心に

曽山　俊　そやま・まさる
陸牧《りくまき》分教会長〈金沢市〉

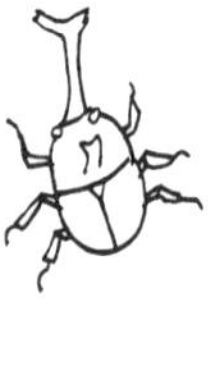

最近、つくづく時代が変わったと思う。その一つは、出直しも親神様のご守護と、あらためて痛感していることだ。

布教道中を踏み出した四十年ほど前は、おたすけにかかっていた人が出直すと、家族や親族から厳しい視線を浴びることが度々だった。「たすけられなかったじゃないか」と、視線は責めていた。医療が行き渡り、高齢化が進んだ昨今、「おかげさまで、楽に出直させていただけました」とお礼を言われることが少なくない。出直しも、たいしよく天のみことのお働きなくしては……と痛感している次第である。

とはいえ、それは天寿と思えるほどに年を重ねた人の場合であり、年若い人の場合には、そうも言ってはいられない。医者が匙《さじ》を投げても、「どうでも」とお願いするのが務めだと思う。

今年（平成十七年）の二月初め、朝早くに札幌の信者宅から電話があった。三十代のその家の長男は「会長さん、父が……」と言ったきり、声にならない。「どうした」と尋ねても、泣くばかり。しばらく、落ち着くのを待った。

父親は六十代。四日前、息子が帰省すると「ちょっと胸が痛む」と漏らした。かねてから弱音を吐《は》かなかっただけに訝《いぶか》しくは思ったが、そう重くも考えなかったという。翌日は横になっていたが、次の日には雪下ろしをしようと屋根に上がった。ところが、途中で胸痛を訴えて下りてきたので、見かねて病院に連れていったという。診断は、筋肉痛だった。医師は「年も年だからね、雪下ろしのせいじゃないかな。ゆっくり休みなさい」と言って帰したという。

その翌朝、母親が大声を上げた。見に行くと、父親はソファの上に亀の子のようにうずくまっていた。慌《あわ》てて総合病院に運ぶと、診断は心筋梗塞《しんきんこうそく》だった。「最初の発作から時間がたち過ぎて壊死《えし》が始まっている。すぐに処置を」と、検査室から手術室に運ばれた。冠状動脈を広げる手術を受け、「経過は良好」との説明に家族は胸をなで下ろした。

ところが翌朝、付き添っていた母親から自宅に連絡があった。「血圧が四〇と八〇しかない。脈も遅いし、もう、だめかもしれない！」と。長男が、「教会に連絡を」と思ったのは、そのときだった。両親はもとより、長男も妹弟も修養科を修了していた。

連絡を受けて教会では、お願いづとめにかかった。長男も、種々心定めをし、自宅の神実様《かんざねさま》の前で一心に勤めた。

それから病院に駆けつけた長男だったが、ＩＣＵ（集中治療室）の面会時間は限られており、ようやく病室に入れたのは夕方だった。医師は「もって明日一日くらいだよ」と言ったという。四国に妹がいると言うと、「もしもの場合は生命維持装置に乗せる」とも言った。

面会時間が過ぎ、帰るようにと言われたとき、長男は医師の許しを得て、おさづけを取り次いだ。すると、取り次ぎが終わって拍手《かしわで》を打った瞬間、「ピピッ」と計器の音がして、血圧が六〇から一〇〇に跳ね上がった。それを見て医師は「もう一日、様子を見ましょう」と言った。

その長男から急を聞いて、お願いづとめを勤め、北海道行きの切符を手配した。だが、ちょうど雪まつりのシーズンだった。私はただ、教会のある金沢の地で、親神様・教祖に祈念した。ようやく切符が取れ、部内巡教を済ませて札幌に着いたのは、電話を受けてから五日目のことだった。

いつもの駅頭で待っていると、拍子木の音が聞こえてきた。やがて、かの長男とその弟が、ハッピを着て、神名を唱えながらやって来た。「会長さん、今日は〝テクシー〟で行きます」と、朝方の電話で言っていた意味を了解した。

厳冬の札幌、路面は凍《い》てついていた。不慣れな私は、カバンを両手に提げたまま、何度も転びそうになった。兄弟は〝奇跡〟の起きたあの日から毎日、病院への往復、片道三十分余りの道のりを、こうして神名を流していたのだ。

その間に、いま一つ〝奇跡〟を見せていただいていた。

「もって一日」と医師に言われた日の翌々日、今度は腎《じん》機能が急激に低下した。四国から駆けつけた長女は、父親のバスケットボールのように腫《は》れた顔や、野球のグラブのような手を見て、ただ泣き崩れた。

尿が出なくなっていた。医師と家族との間では、透析を始めるかどうかが真剣に話し合われた。

「命があるだけでもありがたい。でも、透析を続けるのも大変だと聞いた……」。談じ合いを重ねて兄弟は、「なにとぞ、なにとぞ」と懸命に祈った。

と、おさづけを取り次ぎ終わった瞬間に、「ピピピッ」と音がした。管から勢いよく尿が流れ出ていた。面会時間の終わりを告げに来た看護師が、「よかったわねー」と声を上げた。

それから一カ月、兄弟の神名流しは続いた。それを支えたのは一枚のハガキだった。緊急入院した最初の日、病院にいる母親から電話を受けた長男は、病院に出す書類に押す印鑑を捜していた。そのとき、大事そうにしまわれていた箱を見つけた。その中に、それはあった。母を信仰に導いたおばあちゃんからのハガキ。たびたび金沢から北海道まで来てくれたが、来られない間はよく手紙をくれたと、後で知った。手にしたハガキの最後の二行が、長男の心に留まった。

「この道は勇むよりほかに道がないのです。

勇み心に神がはたらきますのやで」

勇んで神様のご用をさせていただいたら、きっと神様は働いてくださる——。故人となったおばあちゃんの言葉が、そう確信させたのだ。

手術からちょうど一カ月がたった三月七日、長男の喉《のど》がつぶれた。弟の足の裏も、血マメだらけだった。

「声が出なくては、神名流しができない」——そう思いつつ病院に着くと、「明日、退院してください」との言葉が待っていた。「ありがとうございます」と礼を言った弟が看護師の胸の名札に目をやると、おばあちゃんと同じ名前だった。不思議な偶然に、胸が熱くなった。

あれから半年余。退院後、体力を回復したよふぼくは、もう一度やり直そうといま、妻と共に二度目の修養科。年祭直前まで、ぢばに伏せ込む。

忘れられないおたすけ

ふと浮かぶは

松永 和三郎《まつなが・わさぶろう》
本理誠《ほんりせい》分教会長〈埼玉県川越《かわごえ》市〉

その人は両脇を松葉杖《まつばづえ》に預けて、冬の日が傾きかけた街を歩いていた。両側には洗面器を持った幼子。銭湯に行くところらしい。私は思い切って、声を掛けた。

翌日から週に二日、三日と、彼の家に足を運ぶようになった。戦後の混乱期。脊椎《せきつい》を傷《いた》めて両足が不自由な彼は、自宅で内職をしていた。

しかし、編み物の手を止めて口にするのは、いつも愚痴《ぐち》。「こんな体になっちまって、稼ぐに稼げない」「貧乏だって、みんなばかにしてんだ、きっと」。私はいつも聞き役だった。

やがて「うちなんか来てもね、金もないし、信者にしても何の得もないよ。どうせなら、もっといい所に行きなよ」とか、「よく来るよなぁ。お前さん、よほど暇なんだね」「拝んでたすかるんなら医者も病院もいらねぇなぁ」などと言うようになった。

いつ行っても、子供たちと三人だった。夫人は工場に働きに出ているとのことで、夫人のほうが収入が多いということも、四十歳の坂を前にした彼の心を苛《さいな》んでいた。

私が身上をたすけていただき、この道に入ったのは二十一歳の夏。翌年の秋に修養科に入り、十二月八日、たすけ一条の道を歩もうと心に決めた。彼に出会ったのは、それから間もない歳末のことだった。

彼の家は、当時私が住み込んでいた教会から五分ほどのところにあった。歩いても歩いても、ほかに話を聞いてくれる人もなかったから、雨宿りだとか、にをいがけの行き帰りに「近くに来たから」などと、理由をつくっては彼の家を訪ねた。

やがて彼が「あんたが来るようになって、三度目の正月ですなぁ」と笑顔で言った。だんだんと心を開いてくれるようにはなったが、相変わらず私が聞き役だった。「一度教会にさえ行ってもらえたら、会長さんや先生方に話をしてもらえるのに」と、いつも心の中でつぶやいていた。

その年の春、訪ねていくと玄関に女物の靴があった。夫人に会うのは、この日が初めてだった。やせて顔色が悪く、四十歳を過ぎたばかりと聞いていたのに、五、六歳は老けて見えた。

「あんたが主人に会いに来ている天理教さんかい」。顔を見るなり、あいさつもそこそこにそう言った。そして「天理教って、どんな話するの。ピーンとくる話だったら聞いてもいいよ。話してごらんよ」と。

夫人は胃腸と心臓が悪く、この日は職場から無理に帰らされたのだと聞いた。

一瞬、頭の中が真っ白になった。それまでは、教会にお手引きすればいいと思っていた。「話をして、ピーンときてもらえなかったら、ここにはもう来れない」「これまで足を運んだのが無駄《むだ》になる」――。さまざまな思いが、頭の中を駆け巡った。

だが、戸惑ったのは十秒ほどだっただろうか。ふと「あんたの救《たす》かったことを、人さんに真剣に話《はなし》さして頂くのやで」（『稿本天理教教祖伝逸話篇』一〇〇「人を救けるのやで」）という、教祖のお言葉が心に浮かんだ。そうだ、それなら話せる。

初めて教会に参ったとき、「かしもの・かりもの」の話を聞かせてもらった。そして「親は子を選べないし、子も親を選べない。みな親神様のおはからい」とも聞かせてもらった。

当時の私は、父と兄を恨んでいた。父と兄は、飲む打つ買うの道楽者だった。だから最初は、その話に反発し、それから自問自答した。やがて、「喜べない相手というのは、前生に借りのある人なんだ。恩を返すべき人なんだ」と思えるようになった。「恨んで苦しむより、親父《おやじ》を喜ばせよう。親孝行は神様が受け取ってくださる」。そう思えたころ、物心ついたときから苦しんできた胃病が治っていた。食べては吐《は》き、始終ムカついて苦しんできた胃だった。

「この道は拝み信心でたすかる道ではありません。心を立て替えて、親神様に受け取っていただく道です」。そう一気に話し終えたとき、夫人の目には涙が浮かんでいた。

夫人は再婚だった。病身の前夫と別れて、いまの人と結婚した。前夫との子は姉が養子として育ててくれていると、話し始めた。そして「明日、教会に行ってもいいですか」と。

夫人は間もなく、おぢばに帰って別席を運んだ。ふくよかで穏やかな表情になり、心なしか若返って見えた。胃腸も心臓も、あの日を境に何ともなくなったと話してくれた。

そんな妹の姿を見て、姉が道についた。やがて、姉妹の周辺の人々も次々と。「たすかったことを、真剣に話さしていただくのやで」との教えを、実行してくれたのである。

足の不自由な夫も、松葉杖をついて教会に通うようになった。私が五分で行く道のりを、十分かけて。夫人が変わり、家の中の空気が変わったのは信仰のおかげ、神様のおかげだと、そう思うようになったから。

「あんた、わしのグジグジをよく聞いてくれたなぁ」。そう言われたとき、彼の心が明るい方向にクルリと動いたのを実感し、本当に嬉《うれ》しかった。

振り返れば、私は何も分からないままに通った。その中で親神様は、ちゃんと準備をしてくださっていた。何も分からなかったから、まず聞かせてもらえた。尋ねてもらえるようになったときには、ふと浮かばせてくださった。そして、私のたすかったことや、さんげ話を聞く中で、夫人は自ら悟り、おのずとたすかる道に踏み出してくれた。

おたすけとは、親神様・教祖のお供をし、使っていただくことだと、あらためてかみしめている。

たすかる処《しょ》方《ほう》箋《せん》

岡野 忠雄 おかの・ただお
南谷《みなみたに》分教会長〈兵庫県養父《やぶ》市〉

「ちょっとちょっと。あんたやったかいなあ、これ届けてくれたんは」

兵庫県姫路《ひめじ》市の路上で、六十代の婦人に呼び止められた。手には、私がガリ版を切って作ったチラシが握られていた。

時は、教祖九十年祭三年千日活動の初年、昭和四十八年の四月である。私は四十六歳。その半年前から、一日百軒を目標に戸別訪問に歩いていた。

「社長が、話を聞きたい言うてはんねん」と案内されたのは、水道会社の事務所の二階にある住居だった。

上がるなり突然、「わし、天理教は嫌いなんや」と言われた。肥《こ》えた赤ら顔の老人が、ベッドの上から私をにらみつけていた。

「知り合いに天理教がようけおんのや。それが『頑固やから中風《ちゅうぶ》になった』『人のいうこと聞かんから体がきかんのや』と言いよる」。老人は脳卒中で倒れて八年、言語障害は回復しつつあったものの、両足にマヒが残っていた。

「あんたの聞いてる天理教は、本当の天理教じゃないよ」と、私は言った。「神様は、人間が陽気ぐらしをするのを見て共に楽しみたいと、私たちを創《つく》られた。だから、神様の思いに沿った生き方をするなら、どんな病でも必ずたすけてくださる」と。

不思議そうな顔をしている老人に、「絶対にたすかる薬を処方してやろうか」と問うた。老人は「わしは毎日、一万円もする薬を飲んでるけど、ぜんぜん効かん。その薬は本当に効くんかい」と言う。私は「効く!」と断言した。

「いいですか。朝起きたら、神様に『ありがとうございます。おかげさまで今日も生きております』と手を合わせる。これが一服。昼、ご飯を食べさせてもらったら奥さんに『おーきに。おまえのおかげで生きていられるわ』と、これが二服目。晩は晩で、奥さんに体をふいてもらったら『あー気持ちいいわ。ありがとうな』と言って、休む前には『神様、今日も一日ありがとうございました』と言って寝る。これが三服目。これをやったら一週間で必ずご守護を頂ける」と話し、おさづけを取り次いだ。

教会から姫路までは片道八十キロ、二時間ほどの道のりだった。翌日から、午前十時に着くようにハンドルを握った。

一日たち、二日たち、三日目。「ちっとも効果が表れてこうへん」とこぼす。「ちゃんと飲んでますか？」と尋ねると、「やっとる！」と言う。

ところが、見ていると、夫人の顔を見ずに横を向いて、ぼそぼそとした声で「ありがとう」。「それではあきません。心込めて言わな」と、感謝する心について話した。

翌々日は教会の月次祭である。そこで、「明日から三日間は来れませんから、これを何回でも聞いてください」と、「かしもの・かりものの理」について吹き込んだテープを渡した。

七日目、満願の日に訪ねると、機嫌よく迎えてくれた。「感謝するいうことは気持ちいいもんやな。でも、ちっともよくならんわ」と。「まだまだ、これからが仕上げ。人間を創ってくださった神様の所へ行きましょ」と言って、老人を車に乗せた。おぢばの神殿近くに車を止め、背負って南礼拝場を目指した。老人は重く、私は体重四十八キロそこそこ。足が震えた。

私の入信は肺結核の身上からだった。再発を繰り返す中で道に引き寄せられ、大教会での青年づとめ、単独布教を経て、昭和二十八年に教会を預かった。入院こそしなかったものの、肺結核が完治したと診断されたのは、ようやく三年前のことだった。

南礼拝場でぬかずき、回廊をたどって教祖殿へ。と、首筋に老人の汗が滴った。「そんなに暑くないよね」と声を掛けると、彼の涙だった。それまで「おまえはん」と呼んでいたのが、「岡野はん」に変わった。私は「たすけていただける」と確信した。「ここは存命の教祖がおられる所やから、しっかりお願いさしてもらおうな。瞼《まぶた》の裏に赤い着物を着た女性が見えてきたら、きっとたすけていただける」と声を掛けた。

五分ほどたったころ、「先生、見えました！」。

「そうかっ！　それじゃ、立ちましょ」と私が言うと、夫人が左、私が右の脇の下に腕を差し入れ、「一、二の三」で立たせた。

「手を離すよ」と言うと、老人はフラフラと五歩。振り返った顔は、涙でクシャクシャになっていた。

周りにいた十人ほどの参拝者から「おぢばに来て、いいものを見せてもらいました」と声を掛けられた。

帰りは背負わずに、脇の下に手を添えて、ゆっくりと車へ向かった。明くる日、老人は初席を運んだ。

「おぢばは、ありがたい」。私もそう、かみしめていた。

昭和三十五年に妻子を身上で次々と亡くし、結核の再々発が追い打ちをかけた。そんなとき、「おぢばに帰っているか？　神様の理を頂かないかん」と諭してくださった人がいた。それから私は、教会から大教会を経ておぢばまで、二百六十キロの道のりを、最初は自転車で十一回、次はバイクで、そして列車で、毎月欠かすことなく帰った。自転車帰参の沿道には点々とおたすけ先が与わり、よふぼくが育っていた。たすけの理づくりは、おぢば帰り、ぢばへの伏せ込み。そう確信した。

教祖殿で感涙にむせんでから三日後、老人は姫路の会社事務所兼自宅に戻った。車から杖《つえ》をついて降り立つ姿を見て、「ほんまですかー!」と従業員たちが声を上げた。

翌月から毎月、老人は大教会の月次祭に参拝し、私の教会へも、従業員の運転する車やタクシーで参拝にやって来た。それは十五年間、休むことなく続けられた。

再度、脳卒中で倒れたのは、出直す一年前だった。歩けなくなったが頭はしっかりしていた。話せなくなったのは、一週間ほど前。段ボール紙にマジックで文字を書き、会話を交わした。

講社祭に出向いていた岡山県の津山《つやま》で出直しの報を聞き、車を飛ばして駆けつけた。夫人が差し出した段ボール紙には、震える文字で「会長　ありがとー」と記されていた。

おぢばのありがたさに……

寺口 定雄 てらぐち・さだお
城誠道《じょうせいどう》分教会長〈北海道砂川《すながわ》市〉

北海道に単独布教に渡って三年目の夏のこと、にをいがけに通っていた先で、隣家の六十歳になる婦人が中風《ちゅうぶ》（脳卒中）で倒れたと聞いた。訪ねると、息子より若い二十代半ばの私を、快く請じ入れてくれた。婦人は右半身がマヒ。言語障害もあった。

親神様の話をし、かしもの・かりものの理を取り次いだ。そして、二つのことを心定めするよう話した。一つは、おぢばに帰り、別席を運んで神様の話を聞くこと。いま一つは、これまでに世話になりながら、現在、付き合いの切れている親戚《しんせき》や知人にハガキを書くように、と。

血管が破れるとか詰まるというのは、人へのつなぎが切れている姿ではないかと、心に浮かんできたからである。ペンを持てない婦人に代わり、付き添っていた弟の嫁が、礼状を十八通ほど書いた。

それから毎日のように、十二下りのお願いづとめを勤めて、おたすけに通った。婦人は一カ月ほどで、すっきりとご守護を頂いた。しかし、秋の大祭への帰参は果たされなかった。

砂川は、周囲に炭鉱地帯を控えた道央の商工業都市。婦人は夫と二人で、砂川駅前の市場で雑貨店を開いていた。「おぢば帰りさせてもらったつもりで、お供えさせてもらいます」と、汽車賃に相当する額を布教所に届けに来た。

再び倒れたのは翌年、雪がようやく解け始めたころだった。右半身がマヒし、医師に「また倒れることがあったら、今度はだめですよ」と言われたという。

教祖誕生祭には帰参できなかった。だが教祖は、たすけてくださった。三カ月後、婦人は店に立っていた。

「今度こそ、おぢばに」。私はそう声を掛け続けたが、商売に加えて家庭の事情もあった。前回の三倍の額のお供えを持って、詫《わ》びに来た。

三度《みたび》倒れたのは、それから間もなくのことだった。

「なぜ、たすけていただきながら御恩が分からないのか」「どうして、たすかる道があるのに歩まないのか」と、もどかしかった。だが、何としてもたすかっていただきたかった。帰ってもらいたかった。

時は昭和二十八年、教祖七十年祭に向かう三年千日の掛かりの年だった。秋の大祭への帰参を目指して、懸命におたすけに通った。だが既に二度、親神様・教祖との約束を反故《ほご》にしている。回復は、はかばかしくなかった。十月の声を聞いても、外出はままならなかった。

秋季大祭への布教所からの帰参予定者は、私を入れて六人だった。別席を運ぶ人、修養科に入る人……。出発を五日後に控えて、婦人が「連れていって」と言いだした。

「途中で倒れてもいい。お願いします」と。

正直言って迷った。「こんな状態で行き着けるのか」。だが常々、「どんなご守護も頂ける」と皆に言い続けてきた。後にはひけない。

夫は反対した。「汽車や青函《せいかん》連絡船の中で倒れたらどうする！ そうなっても、俺《おれ》は絶対に迎えには行かんぞ」。私は、腹をくくった。親神様・教祖にもたれて、行くしかない。

下駄《げた》だと振動が頭に響くという。おぢばに帰る日の早朝、リヤカーで迎えに行くと、婦人は着物にもんぺ、草履《ぞうり》ばきだった。反対していた夫は、家にいなかった。

布教所に戻り、お願いづとめを勤めた。婦人は、傘を杖《つえ》代わりにして駅へと歩いた。

おぢばへは二泊三日の道のり。汽車で砂川から函館《はこだて》へ。一時間余り待って、青函連絡船に四時間三十分から五十分。未明に本州の土を踏み、青森駅から京都駅まで。車中では、同行の皆が席を譲り合って、婦人を座席に寝かせた。頭を冷やし、朝夕におさづけを取り次いだ。持参のおにぎりを少しずつ食べながら、だが婦人は生きていた。

京都から天理へは、近鉄。ようやく天理駅の改札を抜けたと思ったら、いきなり、婦人がトットットットッと歩きだした。

つんのめる！　私は、婦人の後を追って走った。だが、トットッと歩き続けると、婦人が立ち止まり、振り返った。そして、「歩ける！　私、歩いた」と。涙が頬《ほお》を伝った。「頭も体も、スカッとしたんです」と言う。私も、気が付けば泣いていた。

詰所で荷を解き、かんろだいにぬかずいた。それから、百済《くだら》分教会、田原本《たわらもと》分教会、城法《しきのり》大教会と、天理から程近い所にある上級教会へ順序運びに回った。

当時は自動車も数少ない時代、皆と共に婦人も歩き、鉄道に乗った。帰路は、教会で借りた自転車の後ろに乗せた。

歩いて歩いて、しかし皆、勇みに勇んでいた。ぢばの理はありがたいと思った。

十一月、婦人は自分の荷物を自分で背負って、北海道に戻った。電報を受け取って駅に迎えた夫は、驚いた。

よふぼくになった婦人は、友人を訪ねては、たすけられた話をした。これまでを知る誰《だれ》もが、その話を聞いた。そんな中から翌春、別席を運ぶ人も現れた。初めて倒れたときにハガキを送った親戚や知人の所へは、私も共に足を運んだ。

おぢばから戻って以来、婦人は布教所に日参するようになった。三度失いかけて、三度頂いた命。喉元《のどもと》過ぎれば……とは、なりようもなかった。婦人の周りからは、五人のよふぼくが生まれた。

教祖七十年祭の前年、昭和三十年に、城誠道分教会は名称の理のお許しを頂いた。婦人は、教会の古い琴や三味線を借りて帰り、自宅や店の奥で鳴物の練習を重ねた。昭和三十八年、婦人は店を畳んで、夫と共に教会に入り込んだ。そして十四年間、婦人は三度たすけられた喜びを胸にたたえて、教会に伏せ込んだ。

出直しは八十四歳。教祖九十年祭を越えてからだった。

御供《ごく》だけ頂ければ

谷澤 安道《やざわ・やすみち》
武宮《たけみや》分教会前会長〈東京都あきる野《の》市〉

教会長に就任したのは、教祖六十年祭の年だった。身上者がいると聞けば、若さと勢いで、後先を考えずに自転車で飛び出した。

よふぼくが、愛娘《まなむすめ》のおたすけを願ってきたのは、会長になって三年目ごろのこと。娘の嫁ぎ先は、自転車で三十分ほどの距離にあった。

緑濃い多摩《たま》丘陵を走り抜けて訪ねると、母親は先に着いて玄関先で待っていた。娘は四十度以上の熱が三日続き、食事も取っていない。医師は何も言わず、ただ薬を置いて帰っていったという。

声を掛けても、意識が朦朧《もうろう》としているのか返事がない。私は大きく息を吸うと「魂に言って聞かせる」と宣言し、身上かしもの・かりものの話を取り次ぎ、おさづけを取り次いだ。

翌朝、おつとめを済ませると自転車に飛び乗った。訪ねると、家の中がシンとしている。見れば、庭の柿の木に水枕と氷嚢《ひょうのう》が干してある。入院したのかと訝《いぶか》りつつ、「おはようございます」と玄関の戸を繰って驚いた。「おはようございます」と立っていたのは、当の本人だった。

洋服の仕立てをしている夫と二人で別席を運んだのは、それから間もなくのこと。翌年には、よふぼくとなった。

夫は三人兄弟の長男。両親は既になく、仕立屋は夫と末の弟とで営んでいた。

その弟に異変が起きたのは、夫婦がよふぼくとなって二年ほどたった夏の初めだった。仕事をせず、フラフラ出歩くようになった。やがて独り言が増え、ブツブツと訳の分からないことを言うようになった。

「先生、たすけてください」。そう頼む夫婦に話を聞くと、二十一歳の彼は近くの娘に片思いをし、それから精神に変調をきたしたようだと言う。

「まず、あなたたち夫婦が心を定めなさい」。そう諭して、弟におさづけを取り次いだ。当時、おたすけにかかるたびに、私は絶食をしていた。その日から早速、食事をお供えした。口にするのは、朝づとめ後に御供《ごく》を一包、あとは水だけ。それから自転車に乗り、おたすけに出た。

仕立屋を訪ねると、夫婦が出掛けようとする弟を引き止めてくれている。「おさづけをさせてもらうからな」と声を掛け、拍手《かしわで》を打つのが常だった。

ある朝、いつものように声を掛け、彼の前に座ると、いきなりポケットからナイフを取り出して突きつけられた。怖い、だが止められない。目をつぶり、声を振り絞って取り次いだ。

後から聞くと、「なむ天理王命」と唱えながら私が両手を差し出すと、そのたびに彼はナイフを引っ込めていたらしい。だが、そのときの私は無我夢中だった。

それから半月ほど、自転車に乗り、時には自転車を杖《つえ》代わりに、彼のもとを訪ねた。私の絶食は、まだ続いていた。

八月も半ば、訪ねていくと家に誰《だれ》もいない。声を掛けていると、隣の人が「先生、上の桑畑で大変なことになっているよ」と教えてくれた。

まばゆい朝日を浴びながら坂道を駆け上がると、警察官が六人、彼を包囲していた。警察官が近寄ると、彼が下がる。警察官が下がると、彼は前に出てくる。そのまま十分たち、二十分が過ぎた。

彼は野良猫の首を縄で締め、恋する彼女の家の窓から投げ込んだのだ。だから凶器は持っていない。だが、保護を考えている警察官は、どう扱っていいのか思いあぐねていた。

私は指揮官に近寄り、「天理教の教会長ですが」と声を掛けた。「これでは一日かけてもらちが明かない、私が責任をもって連れて帰るから、任せてもらえないだろうか」と。

「これは私たちの仕事だ」と怒る警察官をなだめ、頼み込んだ。根負けしたのか、部下を呼んで「どうする？」と問うと、額に汗を光らせた警察官は「任せたらいいじゃないですか」と答えた。

警察官たちを物陰に下げ、私は手のひらでメガホンをつくり「おーい、おさづけだよー」と呼び掛けた。すると彼も、「おーい」と手を振り、何事もなかったようにスタスタと歩いてきた。

坂を下り、家に連れ込んで、おさづけを取り次いだ。やがて彼は、すやすやと寝入ってしまった。表に出ると、警察官たちが待っていた。

「さっき、いったい何を言ったんですか？」と指揮官が聞いてきた。「あのくらいのことでおとなしくなるなら、教えてほしい」と。この時とばかり、三十分ほどかけて親神様の話を取り次いだ。一段落すると、ホッとした顔の警察官たちは「ありがとうございました」と帰っていった。

その日を境に、彼は憑《つ》き物が落ちたように回復した。

長男の嫁の身上から道が付き、次いで三男がたすかって修養科にも入り、よふぼくとなった。最後に残っていた二男の顔を見たのは、三男の事件からそう日もたたないころのことだった。長男が「弟が崖《がけ》から落ちた」と駆け込んできたのだ。

列車で一時間半ほどかけて病室を訪ねた。頭に白い包帯が巻かれ、鼻と口からダラダラと血が出ていた。意識はもちろんない。

ベッドの傍らには長男の嫁が座っていた。ふと見ると、側机《そばづくえ》の上にB5サイズの白い紙がある。裏返すと死亡診断書だった。工事現場で、二十メートルほどの高さから落下したのだという。頭蓋底《ずがいてい》骨折。死亡日時だけ書き込めばいいようになっていた。

私の身体《からだ》の中で血が逆流した。「身上は神様からのかりものだ。何が何でも、たすけていただかんならん」。病院から五時間かけて上級教会へ行き、そこで三日三夜のお願いをかけ、再び病院へ戻っておさづけを取り次いだ。

もちろん、また絶食。御供だけを頂きながら、お願いづとめを勤め、病院に通った。三日目、「最後のお願いです」と、おさづけの最後の拍手を打った途端、病人が「ムーッ」と大声を上げた。

驚いていると、「たすかるぞーっ」と叫びながら男の人が駆け込んできた。院長先生が病室の横の廊下を歩いていたのだ。

そこで院長先生に、かしもの・かりもののお話を取り次ぎ、すぐに手術の話が決まった。一カ月ほど後に彼は、何の後遺症もなく退院してきた。

おさづけの理は鮮やか。

魂のたすかり

蓮池 道弘 はすいけ・みちひろ
表野《ひょうの》分教会長〈奈良県五條《ごじょう》市〉

戦後の混乱期もようやく終わろうとするころ、修養科を修了したばかりの私は、燃えに燃えていた。

毎朝四時に奈良県五條市の教会を出て、自転車で五、六十キロ離れた和歌山県下の病院へ。帰ってくるのは、夕づとめも終わった夜だった。

手応えはなかった。だが体力も気力もあった。二十四歳。何より健康に自信があった。

十一月の末のこと、県境に架かる橋本《はしもと》大橋のたもとで、六十歳代の婦人に声を掛けられた。

「あんた、いつもここで会うけど何してんの」と尋ねるので、「おたすけをさせていただける人はないかと回っている」と答えると、「それやったら橋本の病院に弟が入院しているから、行ってもらえんやろか」と言われた。

病室は四階の四二二号室。ノックしようとしたとき、中から首に聴診器を下げた白衣の男性が出てきた。私のハッピを一瞥《いちべつ》すると、「ちょっと」と廊下の隅に呼んで、こう言った。

「あんた、天理教の布教師やろ。あかんで、やめとき。ガンや。首からへそまで切って、それから左右に切って開けてみたけど、どうしようもなかったから、またそのまま閉じたんや。悪いこと言わん、やめとき」

院長だった。その後ろ姿を見送り、大きく息を吸ってからドアをノックした。

大勢の人がベッドを囲んでいた。医者は「もっても、あと二、三日」と言ったという。室内の空気は重く、話をする雰囲気ではない。また経験の浅い私には、その余裕もなかった。

病人は私鉄の駅長をしている人で、定年までには、まだ数年残っている年齢だという。とにかく「おさづけを」と申し出ると、「何か知らんけど、たすかるもんやったらやってあげて」と、投げやりな答えが返ってきた。皆、あきらめ切っているようだった。

私は、時間をもらって地下一階まで下り、裸になって頭からバケツの水を浴びた。一杯、二杯……。五、六杯も浴びると、ようやく、おさづけを取り次がせてもらう力が湧《わ》いてきた。

その夜、帰って母に相談した。「とてもたすからんとは思うけど」と言うと、「何言うとんよ」と叱《しか》られた。「息のある間はアカンと言うな。息しとるんは、親神様が入り込んで働いておってくださる証拠や。たすかっても、たすからいでも、真実を込めさせてもらうのが、この道の布教師の務めやないか」と。

終戦の年の一月、私が十二歳のときに父が出直した。子供四人を抱え、教会を守り、よふぼく・信者を育て上げてきた母の言葉だった。

それから毎日通った。水をかぶっては、おさづけを取り次がせてもらった。「二、三日の命」のはずが、一週間、十日と延び、集まっていた親類縁者は次々と帰っていった。私は懸命に「かしもの・かりものの理」を説き、『みちのとも』を携えていって、病人と夫人とに読み聞かせた。

暮れ間近になって、夫人が「家も放りっぱなしだから、一日看《み》ていてもらえないか」と言う。明くる日、分厚い紙袋を渡された。「葬式の費用にと用意したものですが、どうぞ、お供えしてください」と。

二カ月が過ぎたころ、夫人が別席を運ぶことになった。病人さんを一人病室に残し、国鉄（現JR）で橋本からおぢばへ。

「ここは、人間を創《はじ》め出した元のおやしきです。必ず、たすけていただけます」とは言ったものの、まだ生きているだろうかと、帰りの汽車では思わず車内を走っていた。

その後も病状は一進一退した。点滴のみで、食事を取ることはできなかった。つらかろうと思い、私も三日間断食し、二十日余りを母の作ってくれる薄い粥《かゆ》で過ごした。

三月、夫人が二席目を運んだ。おぢばから病院に帰り着くと、病人が「先生! 握手をしてください」と手を差し伸べてきた。半年近くもベッドの上にいるとは思えない握力に、思わず握り返すと、「あんたがつとめてくれる、何でもたすけたいと思ってくれる真実には頭が下がる。この病気たすけてもろうたら、一生、先生のカバン持ちをさせてもらうわ」。

明くる朝、訪ねるとベッドの上が黒く汚れていた。ずっと何も食べていないのに、流れ落ちるほどの大量の便。急いで掃除をすると、「今日ほど気持ちのいい日は、入院して以来初めてや」と病人が言う。力強い声だった。

「今朝な、入院してから初めて夢を見せてもろうた。それが、天から細い糸がスーッと下りてくるんや。そして、その糸を伝《つと》うて、赤いべべ着て髪を茶筅《ちゃせん》に結うたお婆さんが、スルスルと下りてきて、私の額に立たはったんや」

しばらく話を続け、やがてスーッと息を引き取った。「私の不徳です。たすかってもらうことができませんでした」と夫人に詫《わ》びた。

教会に帰ると「葬式に行きや。行かなあかんで」と母。明くる日、恐る恐る、葬式に行った。大勢の人だった。

門前の花輪の陰に隠れるように立っていると、奥から夫人が手招きする。何事かと近寄ると「最後にもう一度、おさづけを取り次いでください」と言う。枕辺《まくらべ》で、親神様へのお礼を込めて取り次がせていただいた。

すると、それまで硬直していた亡骸《なきがら》が柔らかくなった。当時は座棺。楽に納棺することができたと礼を言われた。

出直しから一年が過ぎたころ、夫人から連絡が入った。「別席、あのままになっていますが、行ったほうがいいでしょうか」と。夫の出直しから何かを悟ったのか、あるいは二度聞いた別席のお話に思うところがあったのか、私には分からない。だが、夫人はやがて、よふぼくとなった。

それから息子と娘、そしてそれぞれの配偶者も別席を運び、よふぼくとなった。

〝命懸け〟のおたすけを

小林　正男《こばやし・まさお》
梅道《うめみち》分教会長〈奈良市〉

この道を通らせてもらおうと決めた若き日、「一生のうちに一人でも二人でもいい、命懸けのおたすけをさせていただきたい」と夢見た。そして二十五歳で、和歌山県橋《はし》本《もと》市に単独布教に出た。

最初に出会ったのはノイローゼの青年だった。ずっと家に引きこもっていると聞いて訪ねると、「何しに来たん？」と上目遣いに言う。「あんたに、たすかってもらうために来たんや」と答え、翌日からおたすけに連れて歩いた。

狭い村のこと、私と一緒に道端の雑草を引き、ハッピを着て歩く青年を見て「誰《だれ》とも話さんかった子に、仕事をさせとるやないか。偉いもんやなあ」と噂《うわさ》になった。その子の母親が、よふぼく第一号となった。

その後も、話を聞いてくれる人ができると三日、七日と断食し、別席が決まるとまた断食して祈願した。時間が空くと十二下りを勤めた。無我夢中で歩む中に、三人、四人と、よふぼくをお与えいただいた。

近所の七十代の婦人は、自律神経失調症に悩んでいた。精神安定剤が手放せず、家事はできるが人前に出ることができない。通院も買い物も夫か息子が付き添っていた。

だが、朝夕、参拝に来るようになって、「かしもの・かりもの」や「八つのほこり」などの教えを聞き、おさづけを取り次いでもらう中で、だんだんとご守護を頂いた。

一年ほどたったころ、大阪で万国博覧会があった。「息子が連れていってやるから行こうと言うけど、人ごみの中はねぇ。先生」と言うので、「行っておいで。万博いうたら、人を見に行くようなもんやから」と勧めた。「ほなら行ってみるわ」と答えた婦人は、〝自信〟を土産に笑顔で帰ってきた。

夏も終わろうとするころ、夕づとめ後に婦人がこう切り出した。

「天理には東洋一の病院ができて、整形外科の名医がいるそうですね。実は、娘の婿《むこ》が頚椎《けいつい》の椎間板ヘルニアで、手術せんならんのです。連れていってもらえませんやろか」

娘婿は五十代半ばで、長男夫婦とともに食料品店を開いており、私も顔は知ってい
た。だが、村でも有名な信仰嫌いだった。自宅の仏壇に手を合わせることはおろか、墓参りさえしないと聞いて、にをいがけに二の足を踏んでいた。

当時は「憩《いこい》の家」ができて四年ほどたったころ。真新しい七階建ての「おやさとやかた」の威容と、京都大学医学部の教授陣を中心としてスタートした医療の質の高さはつとに知られていた。この病院に行くのだから、信仰嫌いの彼にも否《いな》やはなかった。

私は受診の前日から奈良の自教会に帰り、当日は早朝から受診申し込みをするなど、世話取りをさせてもらった。すぐに手術と決まったが、ベッドの空き待ちで、入院できたのは十一月のことだった。この間も毎日、おさづけの取り次ぎに自宅を訪ねたが、

ようやく入院できた数日後、夫人と母親が訪ねてきた。

「先生。手術前の検査で、肺ガンが見つかったんです。頚椎の手術を先にするか、肺ガンか、決めてきなさいって。もちろん本人は知りません」

相談に来た夫人は、本人にはガンだと知らせたくないと言いながらも、「長男が『お父ちゃんは苦労して俺《おれ》たちを育ててくれた。俺が責任持って仕事をするから、せめて五年、還暦を過ぎるまでは生きてほしい。楽をさせてやりたい』と言うんです」と。

「とにかく明日、お宅に伺います」と夫人を送り出した後で、「どう通らせてもらったら、ご守護を頂けるか」と考えた。思いついたのは三点。断食、十二下り、おさづけの取り次ぎだった。命懸けでやらせてもらうしかない。「私の命を五年縮めていただき、どうか長男さんに親孝行のチャンスを下さい」と祈願した。

翌日、自宅を訪ね、夫人と長男夫婦と談じ合った。

夫人に修養科を勧めると、「病人はあの人やのに、何で私が」と言う。告知していないのだから、本人は心のつくりようがない。また、椎間板ヘルニアで手足にしびれがきており、ガンと知らせずに手術を先延ばしにはできない。そこで、「もし亡くなられたら一番つらいあなた方が、自分のことやと思うて神様におすがりしましょう。せめて五年間だけでもガンの進行を止めてもらえるように、私も命懸けで、おたすけさせてもらいます」と話した。

夫人は、十二月から修養科に入る心を定めてくれた。

その夜、私は徒歩で、おぢばに向かった。和歌山と奈良の県境にある橋本市からは、片道五十キロ。それまでも何度か、歩きや自転車で祈願のおぢば帰りをしていた。当時、まだ二十七歳。断食をしていても歩けた。

徒歩で十時間、自転車なら四時間弱。その後も三日断食して往復し、一日か二日か休んだら、また断食をしておぢばへ、そして「憩の家」に向かった。目は落ちくぼみ、体重も落ちた。たすけていただきたいとの思いだけがあった。

二月末、夫人の修養科修了と前後して、退院の日を迎えた。医師は夫人に「ガンは治まっているから慌《あわ》てることはない。このままで様子を見ましょう」と言ったという。

夏祭り。天理教のハッピを着て盆踊りの輪に加わる夫人の姿に、村人たちは目を丸くした。夫よりも病弱で、内気だった夫人が、夫の身上と親里での修養を通して明るく生まれ変わったのだ。

村人の驚きは、春から続いていた。退院の日から毎日、夫妻が私の布教先へ参拝に通うようになっていたからだ。「墓参りもしなかった、あの男が!」。驚きはやがて、お道への信頼に変わっていった。

その後、今日までの間に、夫妻の周辺から六十人ほどのよふぼくが生まれた。そしてその信仰は、三十年を経たいまも受け継がれている。

肺ガンは願い通り、心通りに五年、進行を止めた。その後、一カ月ほど地元の病院に入院し、家族に見守られて静かに出直された。

出直す前、おさづけのたびに「ぢば、かんろだいが瞼《まぶた》の裏に浮かんできました」と語っていた声を、私は忘れない。

勇気、根気、思いやり

鈴木 旦（すずき・あきら）
瑞明《ずいめい》分教会前会長〈千葉県松戸《まつど》市〉

「なんだよー、俺《おれ》に何の用があんだよー」。まだ、どこか幼さの残る顔で、チンピラがそう凄《すご》んでみせた。

青年は二十二歳。にをいがけに訪ねていた先の二男坊だった。ヒロポンやチクロパンといった薬物に耽《ふけ》り、たまに家に帰ってくると有り金を持って出ていくことを繰り返していた。母親の窮状を見かねた私は、何とかたすけたいと、会える機会を探していたが、すぐに話を聞いてくれるわけもなく、その後もコツコツと足を運び続けた。

当時、私は布教師二年生だった。勤めを辞めて道一条に踏み切ったのは、教祖七十年祭の三年前。がむしゃらに、おたすけに奔走する母（初代会長）の姿に、「母のやりたいことの手助けをいまの仕事としよう。私の人生は、母が亡くなった後でもいい」と、そう思えたからだった。

とはいえ、すぐに窮した。神様にお供えする物がない日には、「さつま芋」とか「お魚」などと紙に書いて供え、お詫《わ》びを申し上げた。ところがそんな日は不思議と、訪ねた先で「風邪《かぜ》で食べられなくてね。傷《いた》むといけないから、この魚あげるよ」などという場面に出合う。飛んで帰って、紙と引き換えにお供えしてまた出掛ける、そんな日もあった。

貧乏布教師の交通手段は、親神様からお借りしている二本の足。教会のある千葉県の松戸から市川《いちかわ》、川を渡って東京の墨田《すみだ》区と、半日余りかけてテクテクと回るのが常だった。

教祖七十年祭を翌年に控えた昭和三十年の二月、件《くだん》の青年の家を訪ねると、母親が「先生、ばか息子が火傷《やけど》して入院したらしいんですよー」と言う。だが、まだ見にも行ってないと。青年は近ごろ、私にあいさつくらいは返すようになっていた。入院先を聞き出して、その足で訪ねていった。

青年は、右足の付け根からつま先までを包帯でグルグル巻きにされ、身動きもならずベッドの上にいた。ヒロポンを打ってコタツで眠り込み、練炭の火がズボンに移ったのにも気がつかなかったらしい。煙に気づいた仲間たちが慌《あわ》てて病院に運び込んだが、右足は無残な状態になっていた。

「なあ、人間は神様のおかげで生きてるんだから、そうそう勝手なことばかりしては通られんぞ。まあ、話を聞いてみろよ」と声を掛けた。

火傷の痕《あと》にはやがて餅《もち》の薄皮のような皮が張ったが、寝返りを打ったり、少し動かすだけでピリッと裂け、血が噴いた。裂けては癒《い》え、癒えては裂ける。筋肉に沿って幾筋も皮膚がこわばっていた。

そんな状態で一カ月が過ぎるころ、退院を促された。金もなく、そう大した治療ができるわけでもないからと。実家へ連れて帰っても、手当てはできない。松葉杖《まつばづえ》を突いた青年を、教会に連れて帰ることにした。

教会は戦災に遭《あ》い、当時は民家の押し入れと床の間を改造して神床《かんどこ》にしていた。部屋数はわずかに三つ。そこに、会長である母と、結婚したばかりの私たち夫婦、そして弟が住んでいた。

青年の火傷をした足は、相変わらず薄皮が張っただけで、身動きすると裂けた。包帯代わりのサラシは血と膿《うみ》でヌルヌルになった。そんな包帯を取り、布でたたくようにして皮膚の汚れをふき、おさづけを取り次ぐのが私の日課となった。

包帯の洗濯が、また大変だった。石鹸《せっけん》が効かない。ポンプで勢いよく水をかけながら力任せにこすった。女性の信者さんが「ひのきしんを」と申し出てくれたが、すぐに「私の力では、とても落ちません」と言ってきた。

このままではだめだと、四月から修養科に入れた。おぢばに着き、よろづ相談所第一病院（「憩《いこい》の家」の前身）で診てもらうと、医師は「このままでは治りませんよ」と、皮膚の移植を勧めた。

「修理肥を頂いてでも、なんとしてもたすけていただきたい」と、手術を受けさせることにした。修養科に通う合間に、本人の左足や腕、臀部《でんぶ》などから皮膚を取り、幾度かに分けて移植した。修了のころには、筋肉を動かしても皮膚が裂けることはなくなっていた。

教会に戻ると青年は、掃除などこまごまと素直によく動いた。一緒に、にをいがけ・おたすけにも歩いた。だが、癖《くせ》性分は変わらない。教会での生活に飽きると、フッと出ていった。そしてしばらくすると、手土産の花を抱え、何事もなかったように戻ってきた。とび職として働いていたのだ。

その後も出たり戻ったり。何カ月も続くこともあれば、数日のことも。ただ、教会で改築や増築といったことが持ち上がると、不思議にフラッと戻ってきて力になった。

中でも教会の復興建築は忘れられない。

昭和三十五年秋、初代会長であった母が、東京の癌研《がんけん》病院で匙《さじ》を投げられた。以前から自覚症状はあったらしいのに、なかなか病院には行かなかった。膵臓《すいぞう》から胃、そして全身に広がり、「医療ではどうにもなりません」と、退院を促された。

毎日おさづけを取り次がせてもらい、大教会長様も来てくださった。お仕込みを頂き、皆と相談を重ねた。神殿の復興建築を心定めすると、間もなく驚くようなご守護を見せていただいた。全身にあったはずのガンが、きれいになくなったのだ。

喜びの中に、隣家を買収して取り壊し、脇に仮神殿を設けて、従来の教会建物を取り壊して普請した。予算も成算もないまま、ご守護を頂戴《ちょうだい》しながらの普請は、三十六年に取り掛かり、神殿以外は不十分なまま三十八年に落成した。そんな道中、かの青年は実に頼もしく立ち働いてくれた。

母が出直したのは教祖八十年祭後の四十三年三月。風邪をこじらせての肺炎だった。

かの青年は、その後も教会を出たり戻ったりし、四十九年に肝臓ガンで出直した。二十年ほどの付き合いだったが、そうした姿を見ていた青年の兄夫婦、そして妹さんがよふぼくとなり、いまも教会の力となってくれている。

振り返ってみれば、おたすけは勇気と根気、そして思いやり。つくづく、そう思う。

母が遺したもの

西田　憲市《にしだ・けんいち》
繁備《はんび》分教会長〈岡山市〉

私が無担任教会の会長になったのは昭和三十九年の夏、二十九歳だった。

翌年、以前から行方不明になっていたよふぼくの所在が分かった。離婚した彼女は、中学生の娘と大阪にいた。それから毎月、おぢば帰りの帰路に母娘を訪ねた。

六月の末に行くと、子宮ガンで手術しなければならないという。「悪い物があるなら、取っていただこう」と話し、おさづけを取り次いだ。

翌月、病室で手術の無事を喜び合っていると、医師が入ってきた。私に「見舞いが済んだら、ちょっと」と言う。廊下に出て、天理教の教会長だと言うと、「誰《だれ》も見舞いに来ないから、あなたに言っておきたい」と話しだした。

開腹すると、ガンは既に骨盤の裏まで広がっていた。「ただ、縫い合わせただけ。これ以上、何もできない。連れて帰ってもらえないか」と言う。「岡山ですが、連れて帰れますか」と尋ねると、「いますぐなら。日がたてばそれも難しい」。

病室に戻り、「退院だ。あとは体力を付けるだけだって。岡山に戻る?」と問うと、「行く」と答えた。

まだ新幹線のない時代。私は、母娘を抱えるようにして普通列車に乗った。

その夜からが大変だった。末期ガンの痛みはすさまじい。昼間は紛れるが、夜はつらい。小さな教会の、細い廊下と障子を隔てた母娘の部屋から、うめき声が聞こえた。「会長さん、おさづけ」。トロトロとすると起こされる。眠れない夜が続いた。

私は「たすかってもらいたい」と思う一方で、「出直されたら、どうしよう」と考え続けていた。地元にはまだ頼れる人もなく、葬式をした経験もない。金もない。

一週間ほどたった夜半、ふと目を開けると髪を振り乱した彼女が枕元に立っていた。

「会長さん、おさづけ」。そう言う彼女を二階の神殿に連れていき、正座をして向かい合った。そして、何もかも正直に告げた。

彼女はウオーッと声を張り上げ、泣いた。しばらくして、「医者の手余りをたすけてくださるのが神様だよ」と言うと、「何をすれば?」と彼女。

「にをいがけしかない」

彼女は持っていた金をすべてお供えすると、翌日からパンフレットを持って出掛けるようになった。痛みは、その日を境にピタリと止んだ。季節は夏、炎暑の街を足を引きずりながら歩いた。

二カ月後、私は以前からの予定通りに結婚し、家内が一緒に住むようになった。それから間もなくのこと。来客と話していると、隣室から「会長さん、目が見えんようになった」と。驚いて障子を繰ると、顔が真っ青で、股間《こかん》から真っ黒な血が流れ出し、大便が噴き出ていた。

「最期《さいご》かな」との思いが頭をかすめた。急ぎ、おさづけを取り次いだ。間もなく、顔に赤みが差した。

翌朝、昨日の今日だからと引き止める私に、彼女は「にをいがけの道中で倒れたら、骨ぐらいは拾ってやると言ってくださったじゃない」と答え、晩秋の街に出て行った。

教祖八十年祭が、三カ月後に迫っていた。

ある日、彼女が生命保険の契約証書を差し出した。「掛け続けてくれるなら、会長さんを受取人にしたい」と。

前年に事情教会を担任したばかりで、いま出直されたら教会には葬式の費用すらない。一瞬、私の心は揺れた。だが、思い直した。いまは年祭の旬。何としてもたすけたい、たすかってもらいたい。彼女の目の前で、証書をビリビリと破った。

「修養科に行きたい」と言いだしたのは、それから間もなくのこと。年末年始、そして教祖八十年祭を、彼女は親里で迎えた。

本人も私たちも、まさに命懸けだった。だが、何とか修養科に通えたのは、ひと月余り。「娘のことを頼みます」。そう言い遺して静かに出直したのは、年祭が終わって一週間もたたない二月二十四日夜半、四十五歳だった。

翌朝、詰所の門を開けに行った青年が驚いた。修養科の組担任と同級生が、並んで待っていたのだ。「夢の中で、お礼に来られた。ああ、教祖のお膝《ひざ》元で、出直されたんだなぁと知って」。そう口をそろえた。

詰所の広間に級友らが集まってくれて、詰所の先生に一つひとつ教わりながら、ささやかな葬儀を執り行った。棺《ひつぎ》は、詰所の小さなトラックに積み、幌《ほろ》を掛けた。しかし、三分の一ほどは荷台からはみ出していた。

「これが教会だったら、いったい何人が見送ってくれただろう。私にきちんと葬儀ができただろうか」。涙に霞《かす》む目で、そう考えた。教会長となって初めての、ガンのおたすけ、出直し、葬儀だった。

中学二年の娘は、葬儀の後に偶然分かった親類のもとに引き取られた。しかし、「教会に帰りたい」と言い募り、ほどなくして帰ってきた。

両親の離婚、母と二人で隠れるように暮らした日々、母のガン、そして出直し。多感な時期に、次々と重なった心の重荷。出会ってから一年近く、彼女はずっと暗い顔をしていた。

それが、教会に戻ってから明るさを取り戻した。成績もぐんぐん上がり、三年生では学級委員も務めた。先生が「変わったねぇ」と驚いた。

卒業後は大教会で女子青年を六年間つとめ、二十歳を過ぎてから、本人の強い希望で、昼間の定時制高校に通った。

その後、布教所長の孫と結婚し、夫婦で教会に住み込んでいる。二人の間には息子一人と二人の娘が授かり、それぞれに信仰を受け継いで大きく成長しつつある。

「母がにをいがけに歩いたのは、たった三カ月だった。でも、そのおかげでいま、三人の子らと暮らせるのだと思う」

暗い顔をして教会にやって来た娘は、母の年齢を超えた。

見えない種

西井 章代《にしい・ふみよ》
下京《しもぎょう》分教会長〈京都市〉

戦後まもないころ、京都駅近くで商人宿を営むよふぼくがいました。その女将《おかみ》は、かつて丹毒《たんどく》（皮膚の外傷から細菌が侵入して起こる急性の炎症。高熱や全身倦怠感《けんたいかん》などを伴い、当時は一命にかかわることもあった）で苦しんでいたとき、たまたま病院におたすけに行っていたよふぼくから「おさづけを取り次がせてください」と声を掛けられ、不思議なご守護を頂き、それから信仰するようになったのです。

ところが、長期逗留《とうりゅう》の客が多い商人宿だけに、客同士のトラブルが絶えません。取ったとか取られたとか、金品を貸したのに返さないとか、さらには、食中毒騒ぎも起きました。そのたびに警察や病院に出向かねばならず、疲れ果てて教会に相談にみえました。

話を聞いて、「それは不徳の姿やなあ。徳を積ましてもらい」と話しました。「どないしたらよろしいのか」と聞くので、心に浮かんだことを話させてもらいました。「宿屋としてやっていけるのも、お客さんがあってこそ。そのお客さんの姿で、悩まんならん。理立てをさしてもろうたらどうやろ。毎日、最初のお客さんからの収入をお供えさせてもらい」と……。

私には、こんな経験がありました。嫁いでくる前ですから、戦前のことです。当時、看護師をしていた私は、医師を目指して勉強に励んでいました。そんな中で、結核にかかったのです。これといった治療法もない時代のこと、死の床にあった私に、後に姑《しゅうとめ》となった母方の叔母《おば》は「得と徳は違うで」と諭してくれました。

「お金や物といった目に見える〝得〟は、持っていても使えばなくなる。火事や水害、台風などで失ってしまうこともある。ところが、体や時間やお金をお供えして積ましてもろた〝徳〟は、一見失《うしの》うたように見えても、親神様のところにちゃんと積んでくださっている。先々は何の不自由もなくなる」と。

その言葉を聞いて私は、患者さんからもらった謝礼など、ためこんでいたお金をお供えさせてもらいました。「なんぼお金があっても、命を失うては何の意味もない」と思いましたしね。

その後、本当に鮮やかなご守護を頂いて、この道に引き寄せてもらい、西井の家に嫁いで今があります。私には確信がありました――。

女将は早速、毎日の最初の客からの収入〝初穂《はつほ》〟をお供えすると心定めしてくれました。すると不思議と、その後トラブルは少なくなっていきました。

しばらくは平穏に過ぎましたが、ある日、女将の右の頬《ほお》に腫《は》れ物ができました。近くの医院では、中に膿《うみ》がたまっているものとみて切開しましたが、何も出ません。「ちょっと早かったかな。一週間ほどしておいで」と言われましたが、腫れはひどくなる一方で、痛みもあるし熱も出てきました。

それから一週間ほどして再度切開しましたが、やはり膿は出ません。そこで、京都府立病院に回送され、即時入院となりました。

ところが、そこでは検査をするばかりで治療をしません。本人は横になっていられず、座って唸《うな》っているばかりです。どんな病気なのかと主治医に尋ねると、「気の毒やが骨肉腫《こつにくしゅ》や。いまのところ治療法がない。手足なら切断するが、首を切り落とすわけにはいかず、どうしようもない……」と。私は声も出ないほど驚きました。

早速、息子さん夫婦と談じ合い、いろいろ心定めをしてもらいました。教会でお願いづとめを勤め、必死におさづけの取り次ぎに通いました。

ところが、日に日に悪くなり、ついに面会謝絶となりました。本人は意識朦朧《もうろう》としています。私は医師や看護師さんの目を盗んで、おさづけに通いました。

そんなある日、病院で『天理時報特別号』を息子さんに渡し、帰宅して間なしに、「すぐに病院に来てくれ」と電話がありました。「いよいよ危篤か」と病院へ走りました。

病室に入ると、私のすぐ後から息子さんが入ってきて、「母さん、これやろ」と預金通帳と印鑑を渡しました。それを本人は見もしないで、私のほうに押し出すのです。見れば大変な額の定期預金でした。

息子さんが「何するんや。これは全財産やないか」と取り返そうとすると、本人は首を振って私のほうに押し返します。その真剣な表情に、息子さんもついに納得されましたので、預かって帰り、すぐに大教会へ運ばせてもらいました。

その夜のことです。本人は泳いでいる夢を見たそうです。目覚めてみたら、寝間着《ねまき》にべっとりと膿がついています。ところが本人はもとより、息子も看護師も医師も、膿がどこから出たのか分かりません。以前に頬を切開したのは一カ月以上も前で、切り口は治っています。医者はとうとう「毛穴から出たとしか考えられん。不思議なことや」と。そしてついに「奇跡や」と言いました。

その後、こんこんと一昼夜以上も眠り続けて、目が覚めたら「お腹《なか》がすいた」とやかましいこと。薄い重湯から始まって、一週間ほどでご飯となり、そして退院となりました。

後で聞くと、女将は若いころから、お金をためては人に貸して利子を取るのが楽しみだった由……。それが次第に増え、大きな額になっていたそうです。

「教祖御年祭の声を聞いたときに、お供えさせてもらおうかなと思ったけれど、その後入院することになって、持っていてよかったと思った。ところが、朦朧とする意識の中で、息子が読んでくれた『天理時報特別号』で『泣く泣く儲《もう》けた金は、泣く泣く果たさんならん』と聞いたとき、ドキッとして、ハッと目が覚めた」と話してくれました。

その後、女将は以前にも増して元気に働き、九十歳まで生きられました。

この女将の徹底したつくし・はこびの信念は現在、布教所長を務めている息子夫婦や孫たちにしっかり受け継がれ、「見えない種まきこそ第一のご用」と勇んで種まきに励み、おかげで皆、それぞれ陽気ぐらしをお与えいただいています。

成ってくる姿に

山本 喜三郎 やまもと・きさぶろう
本厚木《ほんあつぎ》分教会前会長〈神奈川県愛川町《あいかわまち》〉

私は信仰三代目で、姉弟七人のうち、一人が戦死、一人が病没した。私を含めて四人は家族もろとも道専務で歩ませていただけたが、二番目の姉だけは事情があり、心ならずも夫に隠れるようにして親神様へのおつなぎを続けた。

そうした伏せ込みのおかげか、その姉の娘はよふぼくとなった。昭和二十九年に結婚、懐妊し、をびや許しを頂いて第一子の誕生を心待ちにしていた。

だが、九カ月目に早産。生まれた男子には重い障害があり、わずか一日で出直した。見舞いに行った私に、姪《めい》は血の付いた産着《うぶぎ》を差し出し、食って掛かった。

「なぜ、なぜ、なぜ」。胸の内にある思いの丈《たけ》を吐《は》き出し、泣くだけ泣いた後で、「何をどう悟らせてもらったらいいの。お諭しをして」と、そう言った。「まだ気持ちの整理もついていないだろうし、また今度に」と言う私に、姪は「いま聞きたい」とすがった。

私は心に浮かぶままに話した。「子は親神様が授けてくださるもの。子供から喜びをもらえなかったという姿から思案して、まず親不孝をさんげしよう」と。そして「夫婦それぞれの親々に、そして親神様・教祖に喜んでいただける道を、一緒に歩まないか」と話した。

姪は間もなく修養科に入り、教会長資格検定講習会を修了して、にをいがけ・おたすけに歩くようになった。

私は毎月のように、神奈川から本部の月次祭に帰らせてもらい、その足で大阪の姪のもとを訪ねた。長男を亡くした翌年に、夫もよふぼくになっていたから、そこで講社祭を勤め、翌日から姪の案内で身上・事情に悩む方々の家を訪ね歩くのが常だった。

その道中、「おたすけの第一歩は、相手の心の中にある愚痴《ぐち》や不足を精いっぱい聞かせてもらうことだね」とか、「かりものの身上は耳が二つ、口は一つ。これは、二つ相手の話を聞いて一つ話すようにすると、人と人との間は治まるということなのかもしれないなあ」などと話し合った。

そんな中、姪は娘二人を授かった。だが、血圧が高かったためか、二女を身ごもったときに腎臓《じんぞう》を傷《いた》め、出産後に慢性化した。医者からは「これ以降の妊娠は無理」と告げられた。

だからだろう、四人目を身ごもったときには誰《だれ》にも告げなかった。妊娠していると家族が知ったのは、七カ月目に入ってからだった。

受診する先々で、「とても出産できるような状態じゃない」と次々と断られた。だが姪は「今度は間違いなく男の子。私の命に代えても、何としてもこの子を産みたい」と、あきらめなかった。何軒目かの産院で「母子ともに命の保証はできない。陣痛が来たら、子供の棺《ひつぎ》となる段ボール箱を持ってきなさい」と、そう言われた。

をびや許しを頂き、談じ合いを重ね、心定めをした。予定日より四十日も早く、陣痛が来た。教会でお願いづとめを勤め、家族と周囲の人々の真剣な祈りの中で、その時を待った。教祖八十年祭の二年半前、年祭活動のさなかのことだった。

八月一日、生まれたのは男の子で、二千四百グラムながら元気だった。医者に「もし、十月十日《とつきとおか》お母さんのおなかの中にいたら、もっと大きくなっていただろうし、出産も大変だったろう。四十日早く生まれたから、母子ともに無事だったんだよ」と言われ、親神様・教祖のご守護をかみしめた。

最初の男の子の出直しによって、姪は信仰を真正面から見詰めた。その子が生まれ変わってきたかのような男児を授かって、にをいがけ・おたすけに拍車が掛かった。

それから三年後、教祖八十年祭の年に、私の母、姪にとっては祖母が出直した。この節を契機に、姪は布教所を開設した。折から、八十年祭の勢いをそのままに「一人のよふぼくが三年間に三人のよふぼくを」との〝一・三・三運動〟が打ち出され、勇みに勇んでいた。旬の理とは素晴らしいもので、十数人のよふぼくを授かり「教会設立を」との声もちらほら頂くようになった。

ある時、いつものように本部の月次祭に参拝し、大阪の布教所に出向いた。そして、府営住宅の並びにある姪の妹の家で風呂をもらった。そのとき、金だらいの湯を湯船に移そうとして腰を痛めた。おかしいなと思いつつ布教所に帰り、一度横になったらもう立てない。これでは教会に帰れないと、姪におさづけの取り次ぎを頼んだ。

かねてから「まずお諭しをしてから」と教えてあったので、姪はまじめな顔でこう言った。「いつも会長さんが言われることですが、奥さんを大事にしてください。その理だと思います」。夫婦の間で、たんのうができていなかったことを深くさんげした。翌朝、おっかなびっくり起きてみると、昨夜の痛みは嘘《うそ》のように引いていた。

姪は三人の子供たちのほかにも、大勢の道の子供たちを預かり育てて、やがて教会設立の話も本格化してきた。上級教会の神殿普請に伴って、旧神殿を神奈川県下から大阪へ解体移築することになった。

段取りも整い、さあこれからという昭和五十七年、姪は脳内出血に倒れた。だが、右半身マヒの不自由な体を押して、おつとめを勤め、ご用にいそしんだ。

そんな姿に、夫は定年に三年を残して退職し、会長となる心を定めた。「妻が昼となく夜となく、懸命におたすけしていた姿を見、息子が生まれた日のことを思い出したら、やらせてもらわねばと思って」。五十九年四月、岳本西《がくもとにし》分教会が誕生した。

それから九年、姪は生きた。不自由な体に愚痴をこぼすこともあったが、夫が教会を受け持ち、息子が教会長後継者に定まった。

「ご守護は、先に頂いていた。そのお礼をさせてもらったのが私の人生」

平成五年、生まれ変わりを信じて、姪は出直した。

護《まも》られて生きて……

藤村 道男 ふじむら・みちお
平原《ひらはら》分教会前会長〈埼玉県鴻巣《こうのす》市〉

ただ無心に、人さまのたすかりを願うとき、親神様はどんなたすけをもしてくださる。「心に残っている、おたすけの話を」と問われて、歩んできた道を振り返り、あらためてそうかみしめた。

小児結核で死の床にいた三歳の子がいた。肺炎で「覚悟してください」と言われていた乳飲み子がいた。盲腸の手術の後、菌が心臓に回ってけいれんを起こしている娘がいた。破傷風《はしょうふう》に倒れた若い母親がいた……。医者に匙《さじ》を投げられた人が幾人、その命をたすけていただいたことか。

記憶をひもときながら、ふと気付いたことがあった。その中で何人、親神様の真の望みである〝心のたすかり〟にまで導けただろうか。そう自問して、私の丹精が至らなかったことを、あらためてお詫《わ》び申し上げた。親神様に護《まも》られて、いまがある。そう思えば思うほど、おたすけに励ませていただかねば申し訳がない――と。

そう、おたすけといえば、義兄のことが心を離れない。

広大な関東平野は夏、しばしば雷雲に包まれる。私は雷鳴を聞くたびに、遠い夏の日の出来事を思い出す。昭和十五年の夏、天理夜間中学から天理外国語学校に進学した私は、自教会に帰省していた。その日は、嫁いでいた姉が、部内教会の会長を務める夫と共に泊まりに来ていた。

夕づとめが終わって間もなく、近くに雷が落ちた。私は急いで、参拝場の横の部屋の脚立《きゃたつ》に上り、電気の安全器を切った。そして、吊《つ》ってあった蚊帳《かや》に飛び込んで、伏せた。間もなく、バシッと音がした。陶製の安全器が粉々に吹き飛んだ。会長である父は近所の信者宅の講社祭に出ていたが、振り返ると、教会が無数の稲光りに包まれていたという。

電灯線伝いに屋内に入った雷は、安全器から噴き出し、四方に走った。一本は参拝場の柱に掛けてあった父の銀の懐中時計に飛び、柱に溝を刻んだ。神殿棟と炊事場棟の間に掛かっていたブリキの樋《とい》を駆け抜けた雷は、裏庭の茶の木に落ち、幹を引き裂いた。そして、もう一本は姉婿《あねむこ》の口の中、銀歯へと飛んだ。

駆け寄ると、仰向けにはじき飛ばされた義兄は、目を見開いたまま気を失っていた。私は手押しポンプで水を汲《く》み、頭からぶっ掛けた。一杯、二杯……。やがて意識を取り戻し、「寒い」と言った。

たすかった、と思った。だが、唾《つば》さえ飲み込めず、小便も出ない。往診した医者は「雷の電気が骨と肉の間を抜けたのだから、栄養をとらせて」とだけ言って帰った。

その後、歯が抜け、髪も抜け落ちた。だが、夫と共に単独布教師のように歩いていた姉は、「雷撃は、家のことばかりしていてはいかんという親神様の叱咤《しった》激励に違いない」と、そう悟っていたという。

一方の義兄は、国鉄で車掌をしていたときに、駅構内で線路を渡っていて蒸気機関車にはねられたことがあった。奇跡的に命に別条はなかったが、胸を強打して胸膜炎を患い、後に肺結核になった。それが、信仰の元一日となった。母親の信心のおかげで命があったと悟り、別科（修養科の前身）に入った。修了後は、羽織袴《はおりはかま》に下駄《げた》を履き、おたすけに歩いた。

兵隊にとられたときも、御供《ごく》を携えて戦地に赴《おもむ》いた。他の部隊からも「ありがたい米粒を分けてくれんか」と、病に苦しむ兵隊がやって来たという。

だから雷撃にも信仰は揺るがなかった。おたすけに歩み、一年ほどで元気になった。それどころか、ある日、ニコニコと教会に来た。久しぶりにレントゲンを撮ったら、結核の影がなくなっていたというのだ。「雷が胸を掃除してくれたに違いない」と。

その後、私は天理外語を卒業して中国に渡り、外務省の出先機関や貿易会社に勤務した。戦争が終わると、天理教校本科に学び、教会に帰って、おたすけに歩いた。あの夏の日、落雷がもう少し早かったら、私が動くのがもう少し遅かったら、安全器の破片と雷は、私の顔を襲ったに違いない。そう思えて。

義兄夫婦だったからこそ、落雷をも〝生き節〟と受け止められたのだろう。

その義兄がガンと診断されたのは昭和三十七年ごろのこと。そのとき義兄は五十三歳だったと思う。医師は、姉と私を呼んで「手術をしてもしなくても、まず半年の命だろう。手術してくれと言うならしないでもないが」と、下駄を預けた。

どうしようかと思案していると、姉は「そんなこと言ったって、医者がつくった体じゃあるまい」と言う。「あれだけ一生懸命に道を通らせてもらってきたんだ、たすけてくださるかもしれない。手術してもらおうじゃないか」と。

姉は、自分たちが預かる教会が老朽化していることを思い起こし、その場で普請を心定めした。そして、それまで以上に、おたすけに奔走した。

義兄が肺結核を病んでいることを知りつつ結婚した姉。あの時代、肺病は治らない病気の代名詞だった。「おたすけに燃えていたからね。肺病だってたすかると信じていたよ」。事実、雷撃を受けた夏に消えたまま、義兄は肺結核と縁が切れた。今回も、そうかもしれない。

切除したばかりの胃は、湯気を上げていた。医者はガンの病巣を示しつつ、「他に転移は見られなかった」と言った。「まれに見る成功だよ」と。

それから二十五年が過ぎた。体調が悪いといって受診した義兄の体に、進行したガンが見つかった。手の施しようはなかった。だが、痛みを訴えることもなく、一カ月ほど入院して静かに出直した。昭和五十八年の暮れ、七十八歳だった。

手元に、義兄の死亡診断書の写しがある。残胃ガン、左右の尿路・肝臓・リンパに転移と記されている。

あのガンは四半世紀もの間、義兄の体の中で静かに時が至るのを待っていたのだ。胃を切除して以来、病気らしい病気をしたことがなかった。そして、その間に義兄は、七人の娘と一人息子が歩んでいく道筋を見定めた。さらに、それよりもっと多くの道の子を導き、育て上げた。

義兄のたすけの志は、その〝こども〟たちの内に、生き続けているに違いない。

凍る間もなし水車《みずぐるま》

植田 與志夫《うえだ・よしお》
高尚佳《こうしょうか》分教会長〈天理市〉

生後二カ月目、弟の隆夫《たかお》は医者から「脳性小児マヒ、治療法なし」と診断された。近郷近在の病院で匙《さじ》を投げられて初めて、母は親神様に手を合わせる気になった。

小学校へ行くようになり、足の障害をからかわれた隆夫が泣いて帰ってくると、母は「不自由な体のなにが恥ずかしい。不自由に泣く心が恥ずかしいのや」と叱《しか》った。

ある日、母が自転車を買ってきた。「今日は十五歳の誕生日や。今日からおまえは、おまえの心で神様が働いてくださる大人や。いままでは松葉杖《まつばづえ》だけが足の代わりやったが、これからは松葉杖とこの自転車が足の代わりや。さあ、自転車の稽古《けいこ》をしよう」

怖がり嫌《いや》がる隆夫を、母は無理やり自転車に乗せた。松葉杖より細い足では乗りこなせず、倒れ、けがをした。泣きだす隆夫の後ろで、母は自転車の荷台にしがみつき「男の子は泣くな、頑張れ頑張れ」と叱咤《しった》した。泣くなと怒る母の声が泣いていた。どうにか乗れるようになると、母は好んで彼の自転車の荷台に座った。転び、倒れ、血を流しても、母は荷台に乗ることをやめなかった。

気がつけば隆夫は、誰《だれ》よりも上手《じょうず》に、そして速く、乗りこなせるようになっていた。努力のあるところ、必ず親神様のご守護はあると、母は身をもって教えた。

「精出せば、凍る間もなし水車《みずぐるま》」

母が常々、言っていた言葉である。

隆夫は三十歳になったとき、単独布教を志願した。どうせなら見ず知らずの土地でと、奈良県の橿原《かしはら》を後に、埼玉県の幸手《さって》へと出立することになった。

「隆夫、いま母さんは、おまえに何もやるものがない。せめて、これから話すことを土産として持っていってほしい」「松下幸之助《まつしたこうのすけ》さんが、長屋で電気ソケットを作っていたとき、どうすれば値段が安くて長持ちするかと、それればかり考えていたら、いつの間にか日本の松下、世界のナショナルにならせてもらったと話されたことがある。それが天理というものや」「その不自由な体で、どうすれば健常者より喜びを深めることができるか、どうして教祖のひながたを通ろうかと、それだけを考えていたらよいのや。母さんの頼みや。教会になろうとか、信者さんをつくろうなどと思ってはなりませぬぞ」

小さなお社《やしろ》を背負い、松葉杖にすがった隆夫は、母の言葉に大きくうなずいた。

玄関先まで見送りに出た母は、突然金切り声を張り上げた。

「隆夫、杖にすがっても人にすがるな！」

振り向きざま、小脇の松葉杖を空高く突き上げて、隆夫は雄々しく叫んだ。

「うん。母さん、心配せんといてや。親神さんひと筋、教祖ひと筋でいくで！」

年の瀬の冷たい風が吹く夜だった。月光が母の面に映える。涙を見せまいと歯をくいしばっている母の顔は、クシャクシャになっていた。人、物、金、地位……、そうしたものにすがろうとする安易な道では、親神様のお姿を拝し得ないと喝破《かっぱ》する母の〝はなむけのひと声〟であった。

そのころ、信州で単独布教をしていた私は、案内役として共に幸手に赴《おもむ》いた。町に着き、かねてから間借りを頼んでいた家へ行くと、こう言われた。「親類縁者が皆『天理教の布教師に部屋を貸せば家まで取られ、屋敷を払うようになる』と反対しているから、部屋を貸すわけにはいかない」と。

どうしようかと隆夫の顔をのぞき込むと、平然としている。そして「いや、ごもっとも」と答えるや、こんな申し出をした。

「迷惑を掛けては申し訳ありませんから、部屋はお借りしません。しかし今晩寝る場所がありません。あそこの鶏《とり》小屋の軒先で寝かせてもらえませんか。あそこでしたら親類の方々も許してくださるでしょう」

家人は「風邪《かぜ》をひいても知りませんよ」と、貸してくれた。

隆夫の単独布教は、こうして鶏小屋から始まった。

しばらくして、材木会社の倉庫の一室をお与えいただいた。講社祭を勤めていると、他宗教の人が二人、上がり込んできた。

「天理の神さんがそんなにありがたいのなら、まずアンタの足を治してもらえ」

そう居丈高《いたけだか》に言うのを、弟は黙って聞いていた。返答できぬと見るや、彼らは勝ち誇ったように「また来るからな」と捨てゼリフを残して帰っていったという。

その話を聞いて「来月から、私が彼らの相手になってやろう」と、講社祭に行くことにした。だが、月毎に彼らの人数は増えた。半年ほどで六人になった。狭い部屋で顔を突き合わせての討論は、多勢に無勢、万策尽き果て、七カ月目には『天理教教典』の第三章を丸暗記し、息もつかずに朗誦《ろうしょう》した。これには彼らも、いささかたじろいだ。

翌月行くと、一番弟を責め立てていた人が、隆夫の講社の小さなお社の前で手を合わせていた。その姿にびっくりして話を聞き、もう一度驚いた。

彼らの宗教団体で東武《とうぶ》鉄道幸手駅の便所掃除をしようということになり、その前の日に駅長に会いに行った。すると「もう半年も前から掃除してくれる人がいるから結構です」と断られたという。

「どんな人か見てやろうと今朝、行ってみると、暗い中、不自由な足を引きずってトイレ掃除をされているここの先生を見つけました。先生の背中から後光が差していました。その場で『弟子にしてください』と松葉杖にすがりましたが、先生は『母から信者をもつことを止められています。弟子なんてとんでもない』と言われます。お兄さんから、弟先生に頼んでください」

私は茫然《ぼうぜん》自失した。相手を論破するための教理勉強と、黙々と実践したひのきしん。教理を説くことができても、人の心を動かし得なかったら、そんな空《むな》しいことはない。本当に分かるとは、人の心が動くということ。教育と宗教との違いを思い知った。

やがてこの人は、よふぼくとなった。

隆夫はさまざまな困難を、一つひとつ誠真実で越えて歩んだ。

あるとき、隆夫は中風《ちゅうぶ》で寝たきりの老婦人のおたすけにかかった。毎日おさづけの取り次ぎに通い、断食をし、頭から水をかぶり、火の玉のように燃えていた。だが、勢いに反比例するように病状は悪化した。

私は弟が不憫《ふびん》で、おたすけを応援してやろうと老婦人の家へ向かった。百メートルほど手前まで行ったとき、弟が出てきた。門口で深々と頭を下げ、立ち去る。すり減った松葉杖にすがる肩が前後左右に大きく揺れて、痛々しい。自転車に松葉杖をくくりつけ、足を手で持ち上げてまたがった。

と、そのときだった。老婦人が、門前まで這《は》って出てきた。そして、不自由な両手を必死にすり合わせて、立ち去る弟の後ろ姿を拝み始めた。

私の体内に電流が駆け抜け、目頭が熱くなった。信心の尊さと感激に、立ちすくんだ。

母はよく、弟にこう言い聞かせていた。

「神さんなんぼ拝んでも、神さんは喜ばん。人が後ろから拝んでくれる、そんな背中をもつ人になったら喜んでくれはる。親神様からお借りしているこの体、その背に手を合わせてもらう人になったら、体を貸してよかったと、親神様が喜んでくれはるねや」

　その夜、薄暗い電灯の下で隆夫が話した。

「兄さん、このごろボクが幸手駅のホームに立つと、駅員さんが『先生、どうぞ』と、椅子《いす》を持ってきてくれはるねん。先生とまで言ってもらって……。ここ埼玉で、ボクは本当に皆さんに大事にしてもらっている。お母さんにそう報告しといて」

　母に弟の近況を報告して間もなくのこと。中和《ちゅうわ》大教会長様から母に、こんな話があった。

「隆夫くんに『信者さんつくったらあかん、教会になったらあかん』と言うてるそうやが、ええ名前考えてきたで。〝関八州《かんはっしゅう》分教会〟という名や、勇ましいやろ。なあ、教会のお許しをもらい」

　ありがたい親心。とんとんと土地建物のお与えも頂き、老婦人の平癒《へいゆ》とともに、関八州分教会は名称の理のお許しを頂き、隆夫は会長に就任した。

　隆夫はこう言った。

「人間は万能の親神様の子供。宝石にたとえればダイヤモンドや。でも、せっかくのダイヤも磨かなければ光らん。苦しい、つらい、難しいというのはダイヤを磨く〝みがき砂〟や。磨けばダイヤは光り、メッキならはげる。小児マヒという〝みがき砂〟を与えてもらって、ボクほど幸せな者はない。そうやろう、兄さん」

「喜びとは苦労の後に味わえるもの、苦労のない喜びなんてあらへん。ボクは道を歩くのでも、達者な人の二倍、三倍の汗をかく。ということは、達者な人の二倍、三倍の喜びを神さんが与えてくださるということや。いつもボクは奈良のほうを向いて、生んでくれたお母さんと、小児マヒの身上を残してくださった親神様にお礼を申し上げているねん」

真っ黒に日焼けした顔に、水晶のように輝く目。あの光を、私は生涯忘れない。

あとがき

「あとがき」を書くためにあらためて読み返しながら、一つひとつの話にもう一度感激し、涙ぐみ、人だすけに励ませていただかねばと決意し直し、親神様・教祖にお礼を申し上げた。

本書に収められているのは、立教百六十五年の初めから百六十八年末までの間、つまり教祖百二十年祭直前までの四年間にわたって、『天理時報』に連載された「おたすけ百話」の一部である。教会長や夫人、あるいは前教会長といった方々が、これまでの道中で一番〝心に残っている話〟を語っている。

再読して、「よふぼくの命は、おたすけである」との思いを新たにした。それは教祖の年祭が終わったから一段落、小休止というものではなく、教祖の道具衆であるよふぼくとしては、日々常々の務めである――と。しかし、そうと分かってはいても、時に行く道に踏み迷ったり、見失いそうになったりすることがあるだろう。あるいは疲れきってしまったり、気持ちがなえてしまったりする日もあるかもしれない。そんな時はぜひ、本書を開いてみていただきたい。どの話から読んでもいい。勇気と力と、たどっていく道への確信がよみがえってくるに違いないと思う。

さて、『天理時報』に「おたすけ百話」の企画が持ち上がったのは、年祭のお打ち出しを翌年の秋に控えた百六十四年秋。翌年からの紙面づくりを検討する中で、過去の年祭活動を振り返ってねりあい、年祭の旬は「教祖の道具衆であるよふぼくが、あらためて存命の教祖の思召《おぼしめし》を真正面から受け止め、教祖にお喜びいただきたいと〝人だすけに奔走する旬〟であり、同時にそうしたよふぼくの誠真実を受け止めて、親神様・教祖が不思議な珍しいご守護を見せてくださる〝たすかる旬〟である」と位置づけた。そこで、その〝証《あかし》〟を集めて読者に提示し、教祖百二十年祭を目指して歩む教友の勇みの糧《かて》に、年祭活動推進の一助にと願って、連載をスタートさせることになった。

ところが、紙面は限られている。一話を一回にまとめるにも、十分なスペースが取れず、無理にまとめれば読み足りないことになるだろうと思われた。かといって、何回にも分けて連載しては、読者が追いきれないかもしれないと懸念された。そこで、一話を上・下の二回にまとめることとし、連載としてのスタイルを整えるうえからも、寄稿していただくのではなく担当者が出向いて話を伺うこととした。

また、せっかく〝証〟を求めるのだからと、事前に情報を集めて検討して……といった通常の取材スタイルをやめ、〝お与えいただける話〟を掲載することとした。そこで各直属に相談し、名前が挙がった方々の中から最初に承諾を頂けた方を訪ねることとした。その際、事前に「これまでの道中で、一番心に残っている〈おたすけ〉の話を一つだけ聞かせてください」とのお願いだけをした。

どんな話を聞かせていただけるのか、行ってみなければ分からない。それを限られたスペースの二回分に収めて、話してくださった方に納得していただき、かつ読者に思いが伝わるかどうか……。毎回、心地よい緊張感と新鮮な思いをもって聞かせていただくことができた。

訪ねた先々では、おたすけに専心される方々の尊い姿に感激し、親神様はありがたい、教祖はありがたい、おつとめはありがたい、おさづけはありがたい――との思いを深めるのが常であった。そうした中、話される方も、聞くこちらも、共に感涙を抑えきれないということが少なくなかった。

そう振り返って、本当にありがたい〝与え〟を頂戴《ちょうだい》していたのだと、親神様・教祖にあらためてお礼を申し上げた。この企画を通して、取材した側がまず最初に感激を頂き、そして読者にも喜んでいただいた。実に、ありがたいことであった。

「おたすけ百話」としての当初のもくろみは、『時報』は年に五十回ほど発行されるので、一つの話を上下二回に分ければ、年祭までにちょうど百話と見込んでタイトルをつけたのであった。ところが実際には、紙面の都合などから毎回とはいかず、中には上・下に収まりきらない話もあって五十九話にとどまった。

さらに、本書に収める際にも、紙幅の都合や体裁などさまざまな理由から、さらに絞らなくてはならないこととなり、三十六話となった。だが、文字遣いなどを多少改めたほかは、内容は連載時のままであり、登場する方々の肩書も当時のままである。中には、お出直しになられた方もあるが、遺族の了承を得て収めさせていただいた。やむなく掲載できなかった方々には、紙面を借りてお詫《わ》び申し上げたい。

出版に際し、新たに付けられた表題は『理は鮮やか』。まさに、三十六話を読み終わった時の感想そのままであり、本書の内容を端的に映し出している。素晴らしい話を提供してくださった方々に、あらためてお礼を申し上げたい。

立教百七十年一月

井上隆文《いのうえたかふみ》（元『天理時報』デスク・理風《みちかぜ》分教会長）

理《り》は鮮《あざ》やか　心《こころ》に残《のこ》るおたすけ36話《わ》

立教170年（2007年）　3月1日　初版第1刷発行

編　者　天理教道友社

発行所　天理教道友社
〒632-8686　奈良県天理市三島町271
電話　0743(62)5388
振替　00900-7-10367

印刷所　株式会社天理時報社
〒632-0083　奈良県天理市稲葉町80

ISBN978-4-8073-0517-9
定価はカバーに表示